Carl Busse

Annette von Droste-Hülshoff
Eine Biographie

Aus Fraktur übertragen

Busse, Carl: Annette von Droste-Hülshoff. Eine Biographie
Aus Fraktur übertragen.
Hamburg, SEVERUS Verlag 2012

ISBN: 978-3-86347-242-9
Druck: SEVERUS Verlag, Hamburg, 2012
Lektorat: Pascal Stasinski
Umschlagmotiv: Büste von Anton Rüller auf Denkmal in Münster

Der Text der vorliegenden Edition folgt der Ausgabe:
Carl Busse: Annette von Droste Hülshoff. Bielefeld und Leipzig 1903.

Der Text wurde aus Fraktur übertragen. Die Orthographie wurde behutsam modernisiert, grammatikalische Eigenheiten bleiben gewahrt. Die Interpunktion folgt der Druckvorlage.

Der SEVERUS Verlag ist ein Imprint der Diplomica Verlag GmbH.

Bibliografische Information der Deutschen Nationalbibliothek:
Die Deutsche Nationalbibliothek verzeichnet diese Publikation in der Deutschen Nationalbibliografie; detaillierte bibliografische Daten sind im Internet über http://dnb.d-nb.de abrufbar.

© **SEVERUS Verlag**
http://www.severus-verlag.de, Hamburg 2012
Printed in Germany
Alle Rechte vorbehalten.

Der SEVERUS Verlag übernimmt keine juristische Verantwortung oder irgendeine Haftung für evtl. fehlerhafte Angaben und deren Folgen.

SEVERUS
Verlag

Annette von Droste-Hülshoff
Büste von Anton Rüller auf ihrem Denkmal in Münster.

Vorbemerkung

Ein neuer Versuch, das Leben und Streben des westfälischen Edelfräuleins darzustellen, läßt sich leicht rechtfertigen. Aus der verhältnismäßig sehr reichen Droste-Literatur haben gegenwärtig nur zwei Werke Anspruch auf größere Beachtung. Die große Biographie von Professor Hermann Hüffer hat ihre Bedeutung in der Heranschaffung und wissenschaftlichen Feststellung des Materials, in dessen psychologisch-kritischer und darstellerischer Verwertung sie weniger glücklich ist. Überdies konnte der außerordentlich wichtige Droste-Schückingsche Briefwechsel noch nicht für sie fruchtbar gemacht werden.

Die zweite, von Wilhelm Kreiten geschaffene Biographie ist ganz vortrefflich erzählt, aber ihr der Gesellschaft Jesu angehöriger Verfasser verschloß sich die Wirkung auf weitere deutsche Bildungskreise selbst durch die Weitläufigkeit seiner Arbeit und eine nicht geringe konfessionelle Voreingenommenheit, die vielfach zu schiefen Urteilen führte.

Beiden Werken, die natürlich schon des Materials wegen für die vorliegende Studie benutzt wurden, haben Mitglieder der Familie von Droste reges Interesse entgegengebracht und manches Wichtige mitgegeben. Aber es ist verständlich, daß sich die so dankenswert unterstützten Biographen daraufhin einer gewissen Beschränkung unterwarfen hinsichtlich des Urteils über die engere Umgebung der Dichterin.

Die nachfolgende Arbeit brauchte diese Rücksichten nicht zu üben. Ich wünschte, daß sie den Eindruck dieser Freiheit machte und in erster Linie dem gebildeten Laien, dann aber auch dem Literarhistoriker etwas geben könnte.

Neustrelitz.

Dr. Carl Busse.

Es wird erzählt, daß eines Tages auf das Drostesche Gut Hülshoff eine alte Frau aus der Nachbarschaft gekommen sei und dringend nach der zweiten Tochter Annette gefragt habe. Das Fräulein möchte doch um Gottes willen mit ihr gehen, da es sich um eine schwer leidende Wöchnerin handle.

Als man die Alte fragte, weshalb sie denn gerade den Beistand des jungen unerfahrenen Mädchens erbitte, erklärte sie geheimnisvoll, daß das Fräulein eine Sternenjungfrau sei.

Nach dem Volksglauben ist eine Sternenjungfrau ein Wesen, das weder „lieben noch sich lieben lassen mag, durch seine unantastbare Keuschheit geheime Kräfte in sich birgt und in verzweifelten Krankheitsfällen Heilung bringen kann".

Die junge Annette soll damals gelächelt und Freundinnen gestanden haben, daß sie wirklich etwas von einem solchen Berufe in sich fühle und sich auf die Existenz einer alten Jungfer vorbereiten wolle. Aber wenn sie gewußt und vorausgesehen hätte, daß es wirklich so kommen würde, hätte sich ihr doch das Herz zusammengezogen, und sie hätte alle geheimen Kräfte gern für ein bißchen frauliches Glück hingegeben.

Es blieb ihr versagt. Von der höchsten Lebenserfüllung des Weibes war sie ausgeschlossen: sie hat für keinen

Mann sorgen, sie hat kein Kind wiegen dürfen. Keine Klage kam über ihre Lippen. Sie stand in ihrem engen Kreis; sie ging als Tochter, Schwester, Nichte, Tante ihre vorgeschriebene Straße wie jedes andre adlige Fräulein, das nicht heiratet, gleichsam unter Vormundschaft der Gesamtfamilie steht und immer etwas fünftes Rad am Wagen ist. Der große Strom ungenützter Liebe, der sie durchflutete und dem kein natürliches Bett bereitet war, mußte zurückgestaut werden und zerrann in einzelnen Bächen. Und als dann die alte Jungfer, die nichts von ihrem Leben gehabt, dem Sohne einer Freundin all ihre Liebe entgegentrug – eine wunderlich rührende Neigung, in der unter rein mütterlicher auch ein Restchen fraulicher Liebe versteckt war –, da hielt sie dieses Gefühl fast mit furchtsamer Scheu vor den Ihrigen verborgen. Sie hätten es vielleicht nicht für passend gefunden, wie sie es im Grunde für ein Freifräulein von Droste nicht passend fanden, Gedichte herauszugeben. Und dann hätte sie wieder mit sich gekämpft, wieder resigniert und sich wieder korrigiert. Sie hatte ja Übung darin. Denn viele Stunden ihres Lebens hat sie damit zugebracht, alles Große und Starke in sich nach der Norm zu beschneiden; alles, was in ihr nach Erlösung und Freiheit schrie, zu dämpfen; sich selbst in Einklang zu bringen mit ihrer Umgebung; jeden Zweifel in religiöser und andrer Beziehung zu ersticken und ihrer Mutter und ihrer Familie Freude zu machen dadurch, daß sie in allen Stücken den übrigen vortrefflichen Drosteschen Damen ähnlich ward.

Sie hat mit einer bewundernswerten sittlichen Energie gekämpft. Sie hat, soweit es möglich war, ihr Ziel auch erreicht und ein Leben geführt in genau den Grenzen und der Enge, wie die Tradition es einem adligen Fräulein aus einem frommen und feudal gesinnten Hause vorschrieb.

Man nimmt aus einer genauen Betrachtung dieses Lebens dreierlei mit fort. Man lernt Annette als menschliche Persönlichkeit hochachten und lieben. Man wärmt sich an ihrem reinen und treuen Sinn; man wird – ob man ihr tausendmal andre Wege gewünscht hätte – zur Hochachtung gezwungen durch die feste und trotzige Art, mit der sie sich selbst den Pfad anwies.

Man lernt sie ferner als Dichterin noch höher bewundern. Denn man sieht, wie wenig sie gestützt und durch wie viel sie gehemmt ward.

Man scheidet zum dritten endlich von der Geschichte ihres Lebens mit einer gewissen Bitterkeit und einem wehen Herzen.

Denn es ist und bleibt doch ein wenig die Geschichte des Adlers, der in ein niedriges Vogelhaus gesetzt ist. Er sitzt auf seiner Stange und hat viele Jahre ein brennendes „Hinausweh". Aber wenn er die mächtigen Schwingen nur einmal anhebt, flattern entsetzt die Vögel neben ihm, und der Adler duckt sich und faltet die Flügel fest zusammen, gleichsam selber erschrocken, daß er anders ist als seine Gesellschaft. Nur in Traum und Sehnsucht wiegt er sich in freien Lüften; er steigt zu Höhn, ins Grenzenlose hinein – da fällt sein Blick auf das, was um ihn herum ist, und wie ein Schwindel befällt es ihn vor dem eigenen erträumten Fluge, er zittert wie in Schuld, er will nicht mehr in die ewigen Weiten sehn, sondern geduldig und friedlich auf seiner Stange sitzen wie die übrigen. So gehen die Jahre – keiner kommt und erlöst ihn, keiner öffnet ihm das niedrige Haus. Und wenn er nicht kränkelt, ist er wirklich geduldig, ja sogar fröhlich und meint, daß er es gut hat. Er sieht Genossen draußen in der Freiheit, aber die Freiheit hat Gefahren, während er hier auf dem Platze sitzt, an den er sich mal gewöhnt hat, mit dem er verknüpft ist, hinter Gittern, die doch auch ihr Gutes haben und schützen. So empfindet er seine Unfreiheit nicht, ja er liebt sie schließlich und wäre ohne sie nicht glücklich. Und eines Tages fällt er von der Stange und ist tot, ohne jemals die höchste Kraft seiner Schwingen, die in der Freiheit erst sich ganz entwickelt hätte, zur Entfaltung gebracht zu haben.

Aber er ist doch hoch geflogen, wenn auch nur im Traum, und er war doch ein Adler, ob er auch sein Leben lang im Vogelhaus saß...

I.

Hülshoff

Die kleine Geschichte von der Sternenjungfrau ist nicht nur für Annette charakteristisch, sondern in zwiefacher Beziehung auch für Westfalen. Sie beleuchtet ein wenig das Verhältnis von Adel und Volk; sie spricht von dem Fortleben alter Bräuche und Vorstellungen. Und man muß kurz wenigstens westfälische Zustände streifen, um die von der Poesie ihrer Heimat genährte Dichterin ganz zu verstehn.

Wir wissen, daß vor allem Westfalen dem Tacitus die Farben für seine „Germania" gab; wir wissen, daß ein westfälischer Häuptling Karl dem Großen am tapfersten widerstand und am längsten für Glauben und Land seiner Väter stritt. Aber wir hören auch, daß dieser selbe Widukind nachher am treuesten war und das schwer Ergriffene zäh festhielt. Sein Enkel gründete ein Kloster. Ein andres Kloster (*Monasterium* = Münster) entwickelte sich zum geistigen und politischen Mittelpunkt des Landes. Die geistliche Herrschaft überdauerte die Jahrhunderte. Die Münsterschen Lande senden auch heute nur Zentrumsabgeordnete in den Reichstag.

Das treue, zähe, oft starre Festhalten am Hergebrachten, das den Kindern der roten Erde eigen ist, ward durch zwei Faktoren noch bestärkt und unterstützt. Die Geschichte ging gleichsam an diesem Lande vorüber. Es hat die Wiedertäufer und die groteske Gestalt Thomas Münzers „mit dem Schwert Gideonis" gesehn, den tollen Herzog Christian von Halberstadt, den „Westfälischen Frieden". Aber sonst? Und das wenige steht in loserem oder engerem Zusammenhang mit dem religiösen Bekenntnis.

Drang so von außen wenig Neues und Umwälzendes ein, so waren im Innern Adel und Geistlichkeit natürlich im eigensten Interesse bemüht, die alten Zustände zu erhalten, und stützten sich dabei gegenseitig. Länger als anderswo konnten also hier patriarchalische Verhältnisse bestehen bleiben, und Karl Immermann durfte mit Recht Westfalen als ein „sonderbares Land" kennzeichnen, „in welchem alles ewig zu sein scheint", in dem Erinnerungen, Sitten und Bräuche von dem Boden nicht weichen wollen. Auf seinen einsamen großen Gütern saß der Adel; streng waren die Stände geschieden; es war selbstverständlich, daß eine nicht ebenbürtige Heirat, etwa auch die mit einer Protestantin, den Verlust vieler Rechte nach sich zog. Es lehnte sich auch niemand dagegen auf. Es war ferner selbstverständlich, daß die Frauen stets auf das ihnen gehörige Erbteil verzichteten und sich mit einer kleinen Abfindung begnügten, damit der Besitz zusammenblieb.

Aber so feudal und geschlossen der Kreis der „Ritterbürtigen" auch war, so streng eine Vermischung der Stände auch vermieden ward – es gab, und vielleicht gerade deshalb, doch einen harmlosen und teilnehmenden Verkehr hinüber und herüber. Das Volk holte sich im Herrenhaus Rat und Hilfe; die Schloßbewohner sahen in die Hütten hinein, der Adel lebte mit dem Volke, und neben den gemeinsamen Interessen, die der Scholle galten, schlang die gleiche feste Gläubigkeit, das gemeinsame Sich-

Schmiegen in den Mutterschoß der Kirche um hoch und niedrig ein starkes Band. So tritt neben manchen trüben Zeiten auch das Gute, Rührende und Wärmende in diesen patriarchalischen Verhältnissen hervor. Einen Arzt hat (oder hätte) das Freifräulein von Droste nicht heiraten dürfen, aber ihre alte Amme durfte sie pflegen, fast zur Freundin machen und ihr niedre Dienste leisten, die keiner der greisen Bäuerin sonst zu Danke tat. Und so steckte in diesem feudalen, sich aber ständig mit dem Volke berührenden Landadel, der weder durch militärische Ambitionen von seiner Scholle gerissen noch auf dem Parkett der Höfe degeneriert war, ein gut Teil ungebrochener Kraft.

Die Westfalen selbst charakterisiert Annette von Droste als „geborne Philister". Das Bedürfnis nach Ruhe ist in ihnen vorherrschend. Sie sind langsam, schwerfällig, konservativ – ein grunddeutscher, kräftiger, breit und fest auf Heimatsboden ruhender Schlag. Einsam liegen im Lande die Höfe; einsam sind die Menschen. In der Einsamkeit werden sie zu Grüblern und zu „Spökenkiekern" oder „Vorkiekern". Nirgends gibt es so viele Leute, die das „zweite Gesicht" haben, wie hier. Auch Thomas Münzer hat sich auf seine Visionen und inneren Gesichte berufen. Man muß dieser seltsamen Mischung im Charakter des Westfalen eingedenk bleiben: wie mit fünf Sechsteln Philister ein Sechstel Geisterseher sich eint, wie sich mit nüchternem Wirklichkeitssinn wunderliche Phantastik verbindet. Bei der Dichterin, die der roten Erde gleichsam Stimme lieh, finden wir ähnliches.

Die Drostes gehörten zu den uralt eingesessenen westfälischen Familien. Aber sie führten in alten Zeiten einen andern Namen.

„Gestern nacht," schreibt Levin Schücking 1840 in einem für Annette bestimmten Briefe, „träumt' ich von Ihnen... ich fragte Sie mehrmals, ob Sie denn wüßten, wie es zusammenhing, daß die Drosten früher von Tekenbroch sich genannt?"

Er wartet im Traum vergeblich auf eine Antwort; die Zusammenhänge, die er vermißt, sind aber leicht zu bestimmen. Nach einem altfreien Erbhof hieß die Familie „von Deckenbrock". Sie zog gen Münster in den Dienst der geistlichen Herren, und schon 1277 wird ein Ritter des Geschlechtes als „Droste" d. h. Truchseß des münsterschen Domkapitels ausgeführt. Die Amtsbezeichnung verdrängte bald den ursprünglichen Namen. Da jedoch außer dem Domkapitel auch das Bistum Münster einen Truchseß, einen „Droste" hatte, so fügten zur Unterscheidung von diesen bischöflichen, vornehmeren Drostes, den Erbdrostes zu Vischering, die Deckenbrocker ihrem Amtstitel den Namen einer festen Burg bei, die sie 1417 erworben hatten. Nach dieser Burg aus dem Hülshove schrieben sie sich fortan Droste-Hülshoff.

Dort, in Hülshoff, wurde am 10. Januar 1797, nachmittags drei Uhr, Annette geboren.

Sie hatte von vornherein kein Glück: gar zu vorschnell war sie einpassiert; das dürftige Flämmchen schien gleich wieder erlöschen zu wollen. Mit Hilfe einer gesunden, bäuerlichen Amme, die auch im Leben des erwachsenen Fräuleins noch eine Rolle spielen sollte, ward das Kindchen dann doch glücklich aufgepäppelt, aber es blieb schwächlich, es blieb

„Ein Würmchen, saugend kümmerlich
An Zucker und Kamillen.
Statt Nägel nur ein Häutchen lind,
Däumlein wie Vogelsporen,
Und jeder sagte: Armes Kind!
Es ist zu früh geboren!"

Einundfünfzig Jahr ist Annette von Droste alt geworden: die Hälfte ihres Lebens war sie von ihrem „jämmerlich miserablen Körper", von Krankheiten und Schmerzen geplagt. Verhältnismäßig noch am wohlsten fühlte sie sich in den Jugendjahren.

Ihr Vater, Clemens August von Droste-Hülshoff, stand im siebenunddreißigsten Jahre, als das Töchterchen erschien. Er war ein „Stummer des Himmels", ein Dichter, der sich nicht aussprechen konnte, ein Mensch, der viel Weiches und Weibliches in seinem Wesen hatte. Er war von großer Frömmigkeit und Herzensreinheit, sanft und liebenswürdig. Er liebte die Blumen und Vögel, er freute sich an jedem Blühn und sah oft in vegetativer Ergriffenheit ins treibende Land hinein. Er war kein Geschäftsmann, auch wohl kein guter Landwirt. Der Park war ihm lieber als das Feld. Und das große Gefühl, das in ihm wogte, strömte er aus, wenn er auf dem Klavier phantasierte oder vor allem: wenn er die geliebte Geige zur Hand nahm. Es muß etwas von jener süßen, dunklen Gefühlsverworrenheit in ihm gewesen sein, der bald ein andrer katholischer Edelmann, Joseph von Eichendorff, herrlichsten Ausdruck leihen sollte und die der Mutterboden aller lyrischen Poesie ist, aber auch der Mutterboden aller Mystik.

Auch Clemens August von Droste fühlte sich zum Mystischen und Mysteriösen hingezogen. Er legte ein Buch träume, Weissagungen, die ihm bekannt wurden, eintrug und nannte es „*Liber mirabilis sive collectio prognosticorum, visionum, revelationum et vaticiniorum etc.*" Das las er immer von neuem und fragte überall herum, ob wieder ein „Vorkieker" etwas gesehen hätte. Auch träumte und sprach er gern von Spuk und Gespenstern und „liebte das gedruckte Blutvergießen".

Seine geistige Begabung darf man nicht überschätzen. Er war ganz gewiß kein bedeutender Mann. Aber wenn ihm Höhe des Geistes mangelte, so hatte er dafür Tiefe des Gefühls und des Herzens. Und je mehr man sich in ihn hineindenkt, um so reiner und sympathischer wird sein Bild. Es ist kein Zweifel, daß Annette alles, was sie zur Dichterin gemacht hat, ihm und nur ihm verdankt.

Denn die Mutter – ach, man kann nicht ohne Hochachtung von dieser Mutter reden, aber auch nicht ohne eine leise Bitterkeit.

Sie war eine geborene Freiin von Haxthausen aus dem Hause Abbenburg. Die Familie war im Paderbornischen solange eingesessen, wie die Drostes im Münsterischen. Fraglos waren die Haxthausens auch viel glänzender begabt als die Drostes. Neigten diese mehr nach der Gefühls-, also wenn man so will: nach der dichterischen Seite, so jene mehr nach der Verstandesseite, der wissenschaftlichen. Es scheint ferner, als ob ein Grundzug der Haxthausens ein starker, unruhiger Ehrgeiz war. Sie wollten alle eine Rolle spielen und herrschen. Es gelang ihnen auch meist, sich mit ihren Talenten vorzuschieben und in die erste Reihe zu stellen, doch konnten sie den Platz nicht lange behaupten, sei es, daß neue Ziele sie auf neue Wege lockten, sei es, daß ihre äußerlich glänzende Begabung eine stärkere Prüfung nicht vertrug.

Therese Luise von Haxthausen hatte sich im Alter von 21 Jahren dem Freiherrn von Droste vermählt. Sie hatte den Haxthausenschen Verstand und war in ihrer Art ohne Zweifel eine kraftvolle Persönlichkeit, die genau wußte, was sie wollte. Sie hatte aber auch den Haxthausenschen Ehrgeiz, die Herrschsucht. Sie ergriff die Zügel des Regiments und sie bestimmte; sie fühlte sich ihrem Gatten und der gesamten Umgebung überlegen. Es war selbstverständlich, daß sie regierte. Sie hätte einen Widerspruch gegen das, was sie für richtig befand, wahrscheinlich nicht mit Zorn und Ärger hingenommen, sondern mit dem grenzenlosen Staunen, daß man ihr widersprach. Sie war auch wirklich eine so kluge, rasche, tüchtige Hausregentin, wie man sie nur denken kann. Sie war in Fragen des *bon ton* oberste Autorität für den gesamten benachbarten Adel. Man schickte ihr die Edelfräulein ins Haus, damit sie den letzten Schliff bekamen. Sie wäre die geborene Leiterin eines Erziehungsinstitutes für adlige junge Damen gewesen. Sie hatte einen scharfen Blick und einen wunderbaren Instinkt für Persönlichkeiten; sie lehnte glatt ab, was ihr verdächtig schien. Aber es erschien ihr alles ein wenig verdächtig, was über ihren eignen Horizont hinausging und mit dem klaren gesunden Menschenverstande allein nicht zu fassen war.

So war sie bei all ihrer raschen Klugheit doch auch von harter Beschränktheit, und ihre selbstbewußte, willensstarke, leicht zu Heftigkeit geneigte Natur drückte auf ihre Umgebung. Ihre feste Klarheit hat viel Segen gestiftet; ihre starre Beschränktheit viel Unsegen.

Der Ehe entsprossen vier Kinder. Eine Tochter Marianne, genannt Jenny (geboren 1795). Eine zweite Tochter, eben Annette, die eigentlich Anna Elisabeth getauft war. Es folgten zwei Söhne: Werner Konstantin (geboren 1798) und Ferdinand Wilhelm (geboren 1800).

Die ältere Tochter und der ältere Sohn schlugen mehr nach der Mutter. Sie waren – besonders von Jenny wissen wir das – weniger hart, aber auch weniger bedeutend, kluge und talentvolle Durchschnittsmenschen. Sie heirateten und starben nach freundlich erfülltem Leben.

Ebenso gehörten die beiden andern zusammen: Annette und Ferdinand Wilhelm. Dieser Jüngste, der Dichterin Lieblingsbruder, war dem Vater nachgeartet, weich, träumerisch, ein großer Natur- und Musikfreund. Er starb früh und unvermählt wie Annette.

Von dieser Annette wird erzählt, daß sie schon als Kind eine starke Phantasie entwickelt habe, daß sie Selbstgespräche hielt, daß sie vor einem Bild oder Buch in einen ungeheuren inneren Jubel, eine selige Verzückung geraten konnte. Diese starke Erregbarkeit war bei dem schwächlichen Körper um so gefährlicher. Und hier konnte die Mutter kraft ihrer Anlagen äußerst segensreich eingreifen.

Sie dämpfte, wo sie konnte; sie ließ die phantastischen Triebe nicht überwuchern und schuf Gegengewichte, indem sie dem unruhigen, flackrigen Kindergeiste bestimmte solide Ziele wies. Annette (oder, wie sie kurz genannt wurde: Nette) mußte Handarbeiten machen und die aufgegebene Maschenzahl stricken; sie mußte die Buchstaben nachmalen, die ihr die Mutter vorgeschrieben hatte. Daneben wälzte sie kuriose Gedanken in ihrem Köpfchen. Sie überlegte sich, daß, wenn sich die Erde drehte, man doch einmal aus dem bösen westfälischen Klima unter einen südlich warmen Himmelsstrich kommen müsse. Darauf wartete sie mit Sehnsucht. Oder sie träumte von einem Garten, einem ganz gewöhnlichen Gemüsegarten mit einer langen geraden Allee, und war viele Stunden bitter traurig, weil sie diesen Garten ihres Traums nicht betreten konnte. Als die Mutter ihr einst von ihrer Heimat, den Großeltern, den Bergen im Paderbornischen erzählte, durchdrang ihr kleines Herz solche Sehnsucht, daß sie mehrere Tage später, als zufällig bei Tisch der Name der Großeltern genannt ward, in ein unstillbares Schluchzen ausbrach.

Das alles zeugt von einer bedenklichen Nervenspannung. Aber die kleine Nette hatte gottlob auch natürlichere Freuden. Die größte war es, wenn sie im Park mit ihrem drei Jahr jüngeren Bruder Ferdinand spielen durfte und beide sich heimlich Schuh und Strümpfe auszogen, um es „den beneideten Kötterkindern" gleichzutun.

Doch wenn die Schwester an den Vergnügungen der Buben – etwa auch am Schlittschuhlaufen – teilnahm, so mußte sie bald auch ihre Arbeit teilen. Sie ward zugleich mit den Brüdern von dem engagierten Hauslehrer, Herrn Wenzelo, unterrichtet und lernte wohl oder übel auch Latein, Griechisch, Mathematik usw. Sie hat später über ihre Sprachkenntnisse an Professor Schlüter geschrieben: „Latein können Sie mir immer schicken, Französisch natürlich auch... Holländisch... verstehe ich auch. Italienisch und Englisch? schlecht! schlecht! Doch letzteres etwas besser. Ich habe in beiden Sprachen keinen Unterricht erhalten." Immerhin traut sie sich doch zu, sich durch leichte italienische Prosa und englische Dichter ohne Diktionär durchzuschlagen. Griechisch kann sie „elendiglich wenig" und ist in ihren „besten Glanz- und Übungsjahren kaum über die Fibelschützerei" hinausgekommen.

Nimmt man dazu, daß sie daneben Klavier spielte, Handarbeiten machte, zeichnete, so möchte die Liste aus den ersten Blick manchem wohl zu reichlich erscheinen, oder das Freifräulein gar den Blaustrümpfen zugezählt werden. Aber sie hat die Blaustrümpfe immer gehaßt und überhaupt von den außerhäuslichen Betätigungen der „Frauenzimmer" nicht viel gehalten.

Und man muß im ganzen der Mutter recht geben: es war vernünftig, daß der ewig hungernde Geist des jungen Mädchens, der durchaus beschäftigt werden mußte, auf den Erwerb solider, nüchterner und nützlicher Kenntnisse gelenkt ward, anstatt daß er, sich selbst überlassen, auf phantastische Irrwege geraten wäre. Es ist auch zweifellos, daß Annette selbst eine starke Lernlust hatte und den Unterricht *gern* empfing. Denn man hört nichts davon, daß die Schwester Jenny mit gleicher Gelehrsamkeit gefüttert worden wäre.

Auffallend früh trat bei Annette auch die Neigung hervor, Verse zu machen. Aus den frühesten Jahren sind kindliche Reimereien erhalten. Dann saßen die beiden Schwestern wohl zusammen, jede hatte die Schiefertafel vor sich, und während Jenny zeichnete, reimte die jüngere Sonne auf Wonne. Sie hat mit feinem Humor später erzählt, wie sie ihr erstes Gedicht, das „Lied vom Hähnchen", in Goldpapier geschlagen „der Ewigkeit geweiht" hätte, – der Ewigkeit, denn sie war heimlich die verbotene Wendeltreppe in dem alten Turm des Stammhauses in die Höhe geklettert „bis zum Hahnebalken" und hatte es dort in den

Dachsparren verborgen, wo erst späte Enkel es finden sollten. Sie war damals sieben Jahre alt.

Es ist nicht vonnöten, sich bei diesen kindlichen Reimprodukten aufzuhalten. Die Mutter war vernünftig genug, um kein Wesens davon zu machen, wenn sie auch heimlich von der Schiefertafel und fliegenden Blättchen etwa dreißig solcher Gedichtversuche abschrieb. Bald erwachte in dem intelligenten Mädchen auch die Lesewut. Weißes „Kinderfreund", der die Jugend manches Poeten begleitete, ward eine Lieblingslektüre, und die Lieder, die er brachte, setzte das kleine Fräulein in Musik.

Auch diese musikalische Anlage war ein rein Drostesches Erbteil. Es wird weder berichtet, daß die Mutter, noch daß Jenny und Werner Konstantin sie besessen hätten, aber stark war sie ausgeprägt in den dreien, die mehr nach der Drosteschen Seite neigten: dem Vater, Annette und dem Bruder Ferdinand. Am hervorragendsten befähigt war ein Bruder von Nettes Vater, Maximilian Friedrich, der neben Opern und Streichquartetten auch ein Werk über den Generalbaß verfaßte. Und es ist doch wieder bezeichnend, daß die Dichterin in späteren Jahren einmal die Bemerkung macht, wie sonderbar es sei, daß unter allen Talenten grade die Musik „sich häufig bei scheinbar unbedeutenden Persönlichkeiten einquartiert".

In ihr selbst war die musikalische Befähigung so groß, daß man zweifeln konnte, ob die poetische Begabung sich dagegen würde behaupten können. Ein intimer Freund erzählt, daß Annette bei ihrem ausgezeichneten Gedächtnis für die Meisterwerke der Tonkunst ganze Opern und Oratorien älterer und neuerer deutscher und französischer Meister auswendig zu singen und auf dem Flügel zu begleiten vermochte; daß sie unzählige Nationalmelodien zu den Stimmen und Liedern der Völker fast aller Erdstriche kannte. Es sind auch Kompositionen Annettens veröffentlicht worden, denen man viel Gutes nachgesagt hat; sie hat ferner Opern geplant; hat Generalbaß studiert; hatte eine schöne Stimme. Jeden Nachmittag mußte sie ihrem Vater vorsingen; noch kurz vor ihrem Tode hatte sie Lust, mit Jenny ein Duett zu üben. Mit 16 Jahren konnte sie bei den abendlichen Gottesdiensten im Pfarrdorf Roxel schon den Organisten ersetzen. Später sang sie auch in einem öffentlichen Konzert in Hörter. Und man erzählt in verschiedener Fassung ein köstliches Geschichtlein, wonach sie durch eigne im Geist des Mittelalters gehaltene Melodien bedeutende Kenner mystifiziert habe.

Dabei mag schon hier auf eine interessante, nicht eben seltne und doch schwer erklärliche Tatsache hingewiesen sein. Dieselbe Annette, die so außerordentlich musikalisch veranlagt war, hat in ihren Versen eher etwas Hartes und Brüchiges, als Weiches und Fließendes; sie hat selten oder niemals Melodie und Wohllaut der Sprache. Sie teilt das mit andern Poeten, die der Tonkunst auch nahestanden. Und wiederum ist die herrlichste Musik der Verse gerade von diesen erreicht worden, die der eigentlichen Musik fast schroff und ablehnend gegenüberstanden. Heinrich Heine – um nur ein Beispiel von Dutzenden zu nennen – hat sein Leben lang nichts von dieser Schwesterkunst der Poesie wissen wollen. Und doch: wer hat den Klang seiner Verse übertroffen?

Vor Dichtung und Musik trat das Zeichnen mehr zurück. Aber ganz vernachlässigt ward es auch nicht, und wie Hermann Hüffer berichtet, sind „die Hefte und Gedenkbücher Annettens mit zahlreichen, zum Teil recht charakteristischen Zeichnungen gefüllt". In einer verwandten Kunstfertigkeit brachte sie es noch weiter. An Levin Schücking schreibt sie einst, sie hätte so viel Abschiedsgeschenke erhalten, die erwidert werden müßten, daß sie blutarm dadurch werden würde, „wenn ich mir nicht mit dem Dir so verhaßten Ausschneiden teilweise durchhelfe". Sie besaß nämlich eine ganz außerordentliche Fertigkeit darin, aus weißem Papier „Figuren und Landschaften auszuschneiden, denen sie durch einen Druck mit der Schere ein plastisches Aussehen gab". Man wird an die drolligen Basteleien und Randzeichnungen Mörikes erinnert.

Diese Fülle der Talente und Talentchen konnte leicht in Haxthausenscher Art zu einer glänzenden Zersplitterung führen. Ich bin der festen Überzeugung, daß sie es in manchem Betracht auch getan hat. Hier lag einer der wirkenden Gründe – über die andern wird später zu sprechen sein –, die Annettens so merkwürdig ruckweises, oft zusammenhangloses Schaffen, das in vielen und gerade den besten Jahren aussetzt, verschuldet haben.

So verliefen in äußerer Ruhe, aber geistiger Angeregtheit die Jugendjahre auf Hülshoff. Hier hat die Dichterin, wie alle Landkinder, die innige Verbindung mit der Natur gefunden; hier hat, was Julian Schmidt sich nicht erklären kann, das Freifräulein sich auch ganz in die niedrigen Volkskreise eingelebt, so daß sie mit meisterhaftem Realismus später ihre „Judenbuche" schreiben konnte. Auf dem Dorfe rückt sich eben alles näher. Das Familienleben spielte sich – ob auch Vater und Mutter im Grunde die Rollen getauscht hatten – in einfach-gemütlichen Bahnen ab. Es gab neben dem Hauslehrer einen Hauskaplan, der die Andachten hielt; es gab ein gemeinsames Morgen-, Abend- und Tischgebet. Auch später hielt Annette an diesen frommen Bräuchen fest und soll auch in Gesellschaft und in Gegenwart Anders- oder Nichtgläubiger niemals das Tischgebet versäumt haben.

Natürlich ward auch ein reger geselliger Verkehr mit Freunden und Verwandten gepflegt. Im zwei Stunden entfernten Münster hielt vor allem die interessante Seelenfischerin, die Fürstin Gallitzin, mit ihren Getreuen Hof, eine Dame von zärtlicher Frömmigkeit und romantisch-religiöser Schwärmerei, die immer in sanfter Aufgeregtheit leben mußte, sich mit Dichtern umgab, Haman in ihrem Garten begraben ließ, als Diotima Hemsterhuis' bekannt ist und den Grafen Friedrich Leopold von Stolberg, den die Gegnerschaft gegen rationalistische Nüchternheit zum andern Extrem getrieben, an Seilen der Seelenfreundschaft ganz zum Katholizismus herüberzog. Sowohl mit der Gallitzin wie mit den Stolbergs verkehrten die Drostes. Wir wissen, daß beide in Hülshoff zu Gaste waren; wir wissen auch, daß Graf Stolberg, als die zehnjährige Annette einst bei einer theatralischen Aufführung erfolgreich mitgewirkt hatte, an die Mutter einen gutgemeinten, aber salbadrigen und überflüssigen Brief richtete, in dem er vor ähnlichen Produktionen warnte und mit dem übertriebenen Eifer des Konvertiten die „Moral des Evangeliums" gegen die „weltliche Moral" ausspielte.

Interessanter als diese Begegnungen mögen für das Kind die Tage und Wochen gewesen sein, die es bei Großeltern und Verwandten verleben durfte. Auf allen Gütern ringsum im Münsterischen und Paderbornischen saßen ja diese Verwandten. Später hat Annette oft gejammert, daß sie ruhelos und einem Kometen ähnlich auf Besuchstouren im Lande umherschwirren mußte. Dem kleinen Mädchen dürfte es aber gefallen haben. Besonders wichtig wurden die häufigen Besuche in Bökendorf und Apenburg, auf den Haxthausenschen Gütern, wo die Großeltern wohnten. Im schwer bepackten Familienwagen wurde von Hülshoff aus ins Paderbornische hineinkutschiert. Und vor allem an die Großmutter (eigentlich die Stiefgroßmutter, eine geborene Freiin von Wendt-Papenhausen) schloß sich Annette sehr an. Es war eine so fromme Dame, daß sie in den Ruf der Heiligkeit kam. Sie nahm auch an den kindlichen Dichtversuchen regen Anteil und wies natürlich die kleine Verskünstlerin vornehmlich auf das Religiöse. Wie wir sehen werden, verdankt ihrer Anregung ein Werk sein Entstehen, das Annette bis zuletzt beschäftigt hat.

Durch die zwei Söhne des Hauses, Werner und August, die Brüder der Frau von Droste, ward wieder eine Verbindung mit einem ganz anders gearteten Kreise geschaffen. Beide schwammen im Strome der nationalen Romantik und waren vor allem mit den Gebrüdern Grimm befreundet. Bei einem Besuch in Bökendorf hat Wilhelm Grimm auch Jenny und Annette von Droste kennen gelernt. Die Mädchen sammelten nun fleißig Material für die Kinder- und Hausmärchen, und manches schöne Stück verdankte man ihnen. Auf der Suche danach wird Annette in noch engere Beziehung zum Volke getreten sein. So schreibt sie ihrem Onkel August, für dessen geplante Volksliedersammlung sie Beiträge aus dem Münsterischen schicken sollte, daß sie „allen alten Weibern des Kirchspiels die Tour gemacht" habe. Und auch zu Ludwig Uhlands „alten hoch- und niederdeutschen Volksliedern" hat sie einige Stücke beigesteuert. Sie war bei aller Frühreise noch nicht vorgeschritten genug, um die Bekanntschaft mit den Grimms, die Vertrautheit mit Märchen und Liedern des Volkes für ihre eigne Poesie fruchtbar zu machen. Es ist aber mit Recht darauf hingewiesen worden, daß sich viel später doch Einwirkungen schönster Art zur Geltung bringen. Nicht nur, daß es Annette selbst gelang, den Volkston täuschend genau zu treffen – sie hat vor allem aus der Fülle des volkstümlichen Wortschatzes geschöpft und so eine Kraft und Unverbrauchtheit der poetischen Diktion erlangt, wie nur wenige außer ihr.

Noch eines Mannes ist zu gedenken, der literarisch wohl den stärksten und direktesten Einfluß auf die junge Annette geübt: das war der Hainbunddichter Anton Matthias Sprickmann. Zwar: er selbst dichtete längst nicht mehr, aber „der lieben Gespielin seiner Jugend, dem Mädchen von dem Parnasse", galt seine Liebe noch immer. So unterstützte er junge Talente gern. Und wenn die Jugendgedichte Annettens plötzlich – etwa um 1813 – in eine wesentlich andre Manier fallen, so dürfte man vielleicht den Sprickmannschen Einfluß dafür verantwortlich machen. Es scheint, als ob er das Freifräulein auf Schiller verwiesen habe. Es entstehen trockne, würdige, philosophische Lehrgedichte. Es entsteht aber auch ein wärmeres patriotisches Poem „Das befreite Deutschland", das sich von den üblichen Siegesgesängen schon unterscheidet, wenn auch nur erst gedanklich:

„O Germanien, meine Heimat schön!
Sieh, der Tiger flieht vom Raube,
Und mich täuschte nicht mein Glaube;

Der Allmächt'ge hat erhört mein Flehn
Und dies Auge hat Dich frei gesehn!
Doch verzeih' der Träne, daß sie rinnt,
Ist gleich frei Dein Arm von Ketten,
O Germanien, Du Heldenkind,
Konntest selber Dich nicht retten..."

Als 1814 Sprickmann nach Breslau übersiedelte, blieb der damals 65-jährige mit seiner jungen Freundin in Briefwechsel. Und es ist sicher, daß Annette ihm viel verdankt.

Nicht das verdient Hervorhebung, daß er sie etwa auf Schiller gewiesen. Sondern daß sie in ihm zum erstenmal einen Freund gewann, der immerhin mit dem eigentlichen literarischen Leben Verbindung und ein literarisches Urteil hatte. Man kann ihre Familie so hoch veranschlagen, wie man will: es gab keinen darin, der ihr ein Ratgeber hätte sein können. Die vortrefflichen Leute hatten kein Fünkchen poetischen Verständnisses, was ihnen auch niemand übelnehmen wird. Es steht damit nicht in Widerspruch, daß die Mutter Annettens selber Gelegenheitsverse machte. Sie haben auch später der reifen Dichterin einen gewissen passiven Widerstand entgegengesetzt. Mit freundlicher Verständnislosigkeit haben sie Annettens Verse mit angehört, haben den Inhalt darauf taxiert, ob er irgendwie der Familie Verlegenheit bereiten könne und haben nie – oder erst in den letzten Jahren, als immer stärker das Echo aus der Ferne schallte – geahnt, daß ihre liebe Nette ein Genie war, daß auf der Stange in ihrem Vogelhaus ein Adler saß. *Ganz* geglaubt hat es vielleicht aber auch dann keiner.

Da kam Sprickmann. Einerlei, ob sein Geschmack einseitig war – zum erstenmal nahm ein in der Literatur bekannter Mann, der doch auch ein freier und tüchtiger

Mensch gewesen zu sein scheint, ein tieferes Interesse an den dichterischen Versuchen des jungen Mädchens; einer, der nicht nur mütterlich oder geschwisterlich geduldig zuhörte, sondern mit wirklicher Teilnahme, der ermunterte, kritisierte, vielleicht Aufgaben stellte, auf Muster hinwies. Und Annette wusste mit einem Male, für wen sie schrieb. Wir werden sehn, wie in rascher Folge Dichtungen entstehn. Wie ihr Talent, in überraschendem Aufschwung begriffen, nach Höhen zu streben scheint, die sie nachmals vielleicht nicht ganz erreicht hat.

Aber wir werden auch sehn, wie urplötzlich in den besten Jahren die ganze Produktion stockt – das Rätsel aller Literaturhistoriker. Das Rätsel ist leicht zu lösen. Nichts spricht – vom literarischen Standpunkt – so *gegen* die Familie, wie dieses plötzliche Brachliegen aller Fähigkeiten nach glänzenden Ansätzen. Eigentlich haben wir nur zwei überraschende Schaffensperioden in Annettens Leben, in denen sich fast jäh alle Keime erschließen. Und wir sehen immer, daß das unter dem belebenden Strahl einer verständnisvollen Teilnahme geschieht. Wenn sich Jahre um Jahre hindurch nichts entfalten konnte und wollte, so lag der Hauptgrund eben darin, daß diese belebende Teilnahme fehlte. Das läßt doch auch einen Rückschluß auf die Familie zu.

Und weiter: wenn man die Briefe liest, die Annette an Sprickmann geschrieben hat und damit etwa die Epistel vergleicht, die sie ihrer Mutter zukommen läßt, dann fällt einem etwas Merkwürdiges auf. An diese literarischen Freunde, an Sprickmann, an Schlüter, vor allem an Schücking – von den beiden letzteren werden wir später hören – schreibt das Fräulein die reinsten Liebesbriefe. Das heiße Herz kann sich gar nicht genug tun in Zärtlichkeitsausdrücken. An die Mutter schreibt Annette mit einer herzlichen Gemessenheit und Zurückhaltung, ungeheuer vernünftig, mit sittlichen Vorsätzen gepflastert, wie jemand, der vor dem Adressaten ein wenig Furcht hat und durch bescheidne, vernünftige Würde sich ins beste Licht setzen möchte. Und da das Fräulein sich immer etwas auf die Menschen, mit denen sie schriftlich plaudert, stimmte, so kann man aus dem Ton der Briefe stets auf den Charakter der Empfänger schließen.

Jedenfalls: unter dem herzlichen Interesse Sprickmanns erblüht eine ganze Reihe von Dichtungen, in denen allmählich neben die konventionellen Züge mehr und mehr Originelles und Eigenes tritt. Man wird daneben den Einfluß der Entwicklungsjahre in Anschlag bringen müssen. Aus dem Kinde ward die Jungfrau; das wunderlich unruhige Gären, die ziellose Sehnsucht, die Phantasieerregungen jener Zeit befielen das intelligente, nervöse, leicht überreizte Mädchen begreiflicherweise mit besondrer Stärke. Sie ging in innerer Unruhe umher, es stellte sich ein Übelbefinden ein, das auf zu vieles angestrengtes Singen zurückgeführt wurde; sie magerte ab, ward immer blasser, verlor allen Appetit und glaubte in der immerwährenden Mattigkeit und Niedergeschlagenheit an einen baldigen, durch Auszehrung herbeigeführten Tod. Ein Schwindsuchtskeim scheint sowieso in der Drosteschen Familie gelegen zu haben. Und wenn sich Annette durch ein paar Wochen Faulenzen auch wieder erholte – von nun ab steht ihr ganzes ferneres Leben unter dem Zeichen des „krank, krank, immer krank!"

In dieser Zeit, wo das Weib in ihr erwachte, wo die poetischen Schwingen wuchsen, fühlte sie auch zum erstenmal die Enge des Kreises, in den sie gebannt war. Der Adler wollte fliegen. Er stieß sich die Brust wund an dem Gitter des Vogelhauses. Ein Gedicht der Neunzehnjährigen gibt da wertvollen Aufschluß. „Es malt vollkommen", sagt Annette ausdrücklich, „den damaligen und auch den jetzigen Zustand meiner Seele." Wohl hat es noch ganz Schillersche Diktion, aber es hat dabei den heißen Ton eines Herzensbekenntnisses. Man fühlt, daß es echt ist. In diesem „Unruhe" betitelten Gedichte möchte das Fräulein „kreisen auf unendlichem Plan" mit den wogenden Seglern, wie ein Vogel fliehn weit, o weit:

„Und noch weiter, endlos, ewig neu
Mich durch fremde Schöpfungen voll Lust
Hinzuschwingen *fessellos und frei*, -
O das pocht, das glüht in meiner Brust.
Rastlos treibt's mich um im engen Leben
Und zu Boden drücken Raum und Zeit;
Freiheit heißt der Seele banges Streben,
Und im Busen tönt's Unendlichkeit."

Aber sie preßt die Hand aufs zitternde, glühende, törichte Herz: sei still und lerne Dich bescheiden, Dein Sehnen ist vergeblich, Dein Schmerz fruchtlos, Deine Tränen hadern mit der Unmöglichkeit.

Am seltsamsten jedoch ist der Schluß des Poems. Der leitende Gedanke ist schon beendet, mit den resignierenden Worten: „Wandrer auf den Wogen, fahret wohl!" ist der natürliche Abschluß gegeben. Aber als ob es der Dichterin plötzlich zum Bewußtsein kommt, wie furchtbar es ist, daß sie alle ihre Sehnsucht so begraben soll, schreit sie in Empörung auf:

> „Fesseln will man uns am eignen Herde,
> Unsre Sehnsucht nennt man Wahn und Traum!"

So jäh, unvermittelt, die ganze Komposition des Gedichtes zerstörend tritt dieser Schrei auf, daß man auch daraus auf seine menschliche Echtheit schließen kann.

Und wie eine Erläuterung zu diesen Versen der Neunzehnjährigen klingt ein Brief der Zweiundzwanzigjährigen: „O, mein Sprickmann, ich weiß nicht, wo ich anfangen soll, um Ihnen nicht lächerlich zu erscheinen." Und sie gesteht, daß kein Tag ohne eine schmerzlich-süße Aufregung vergeht. „Entfernte Länder, große, interessante Menschen, von denen ich habe reden hören, entfernte Kunstwerke u. dgl. m. haben alle diese traurige Gewalt über mich. *Ich bin keinen Augenblick mit meinen Gedanken zu Hause*, wo es mir doch so wohl geht... Ein Zeitungsartikel, ein noch so schlecht geschriebnes Buch, was von diesen Dingen handelt, ist imstande, mir die Tränen in die Augen zu treiben; und weiß gar jemand etwas aus der Erfahrung zu erzählen,... O mein Freund, dann ist meine Ruhe und mein Gleichgewicht immer auf längere Zeit zerstört, ich kann dann mehrere Wochen an gar nichts anderes denken, und wenn ich allein bin, besonders des Nachts, so kann ich weinen wie ein Kind und dabei glühen und rasen, wie es kaum für einen unglücklich Liebenden passen würde."

„Wenn ich allein bin" – die Ihren durften das Glühen und Rasen nicht sehn. Sie hat solche Beichten auch später immer nur Freunden abgelegt, weil sie doch bei den Fernen wohl das Verständnis zu finden hoffte, das sie in der Nähe nicht fand. Man wird gewiß einen Teil dieses „Hinauswehs", dieser Gedrücktheit durch die Enge des Elternhauses auf das Konto der ja immer von unklaren Wünschen begleiteten Entwicklungs- und Übergangszeit setzen dürfen. Aber doch nur eben einen Teil. Es ist gewiß, daß Annette damals in Schmerzen die engen Grenzen erkannte, die ihr gezogen waren, daß sie klar empfand den Gegensatz zwischen sich und den Angehörigen, die sie liebte, die gut zu ihr waren, denen aber ein Verständnis für Tiefergehendes abging. Nicht Wochen und Monate, sondern Jahre hat sie so in der Stille mit sich gekämpft. Sie hat gekämpft in solcher Herzensangst; sie war eine viel zu gute Tochter, um sich nicht Vorwürfe zu machen, daß sie undankbar gegen die Ihren sei, gegen das Elternhaus, in dem sie es doch gut hatte. Und nicht nur aus Furcht des Nichtverstandenwerdens, auch aus der Furcht, ihre Eltern zu betrüben und undankbar zu erscheinen, hat sie wohl all diese Kämpfe in sich verschlossen, ist zu Fremden damit geflüchtet, hat zu Hause gelächelt und verheimlicht, daß sie nachts, wenn ihre Nächsten friedlich schliefen, mit sich rang und ihr wundes Herz pflegte.

Es wird auch von einer unglücklichen Liebe des Freifräuleins erzählt. Sie soll einem Arzte gegolten haben, „aber Annettens Pietät habe es ihr unmöglich gemacht, sich gegen bestehende Schranken aufzulehnen und mit den Ihrigen sich in Widerspruch zu setzen". So hätte sie entsagt.

Ganz sicher ist diese Geschichte nicht verbürgt, aber sie wird nicht nur von demjenigen erzählt, dem die verschlossene Annette noch am ersten eine derartige Andeutung hätte machen können, sondern es ist auch aus psychologischen Gründen kein Zweifel an ihr erlaubt. Es wäre seltsam, wenn eine Feuerseele, die so „glühen und rasen" kann, die es im „Geistlichen Jahr" ausspricht, daß sie „auch vor anderen glühend jede Erdenlust berührt", die eine Liebesfülle auf ihre Freunde ausschüttet, niemals die mächtigste Herzensregung gefühlt hätte. Und wenn ein direktes dichterisches Zeugnis dafür auch nicht vorliegt, so will das weiter nichts besagen. Denn diese Annette, die selbst in einem so harmlosen Poem wie es „Der zu früh geborene Dichter" ist, aus dem „ich" ein „er" macht, die in einer spröden Keuschheit alles objektiviert – sie würde sich eher die Zunge abgebissen haben, ehe sie ihr heiligstes Herzensgeheimnis preisgegeben hätte – noch dazu eins, dessen sie sich vor ihren Verwandten geschämt hätte. Sie hat ein Gedicht geschrieben „Ein braver Mann". Der Held entsagt einem Glücke, das sein Leben hell gestaltet hätte, zugunsten der Verwandten; er lebt seiner Kunst, er duldet, er schweigt:

„Nie hat auf der Begeistrung Höh'
Sein schamhaft Schweigen er gebrochen,
Und keine Seele hat gesprochen
Von seinem schweren Opfer je."

Man braucht das nur ins Subjektive umzusetzen.

Nein, es ist kein Zweifel, daß Annette geliebt hat. Der müsse „gar arm" oder „gar jung" sein, sagt sie in der „Schlacht im Loener Bruch", der nie vom ersten Strahle der Liebe überglänzt worden! Das einzige, was man gegen die Annahme einer solchen Jugendneigung ins Feld führen könnte, wäre nur, daß sie ganz außerordentlich früh, etwa im fünfzehnten, sechzehnten Jahre, hervorgetreten sei, aber wir wissen ja, daß Annette über ihr Alter reif war, und es ist nie beachtet worden, daß sie selbst in dem Gedicht „Junge Liebe" dem blonden, scheuen Mädchen, das „frommer Eltern heftiges Kind" ist wie sie und das ihr Herz entdeckt, „kaum 15 Jahre" gibt.

Auch die in jener Zeit entstandenen größeren Dichtungen – ihre ersten größeren – reden für jeden, der zwischen den Zeilen zu lesen versteht, eine deutliche Sprache. Da ist zunächst ein an sich bedeutungsloses, nie vollendetes Trauerspiel „Bertha", bei dem man sich nicht aufzuhalten brauchte, wenn die Heldin nicht in manchem Betracht Annetten ähnelte. Sie hat alle die gärenden und drängenden Empfindungen mitbekommen, das „unbegreifliche Sehnen"; sie fühlt sich krank, nur im stillen Träumen liegt ihr Glück, sie denkt allzuviel, ist oft allein, durchwacht die Nächte und fühlt sich im Widerstreit zu ihrer Familie. Die häusliche, nur für ihre weiblichen Pflichten lebende Schwester warnt sie davor, die der Frau gesteckten Grenzen zu überfliegen; die Mutter mahnt noch eindringlicher vor „wilder Schwärmerei", vor den „Bildern einer wilden Phantasie", die den trunknen Geist aus des Lebens stillem Kreise hinwegziehn und die doch vor der schaurigen Wirklichkeit zerstieben müssen.

Aber Bertha-Annette bittet, ihr nicht die „kurzen Stunden" ihres Glücks zu rauben. Die Stellung der jungen Dichterin innerhalb der Familie wird dadurch klar beleuchtet, aber noch bedeutsamer ist es, daß die Heldin des Trauerspiels heimlich und hoffnungslos liebt. Hoffnungslos, weil der Geliebte nicht ebenbürtig ist, und die Eltern eine solche Verbindung nie zugeben würden.

Ein ganz ähnliches Motiv findet sich in der zweiten, ungleich wertvolleren poetischen Leistung des Fräuleins, in dem epischen Gedicht „Walther". Nur daß die Rollen hier vertauscht sind. Hier ist es der Mann, der Ritter, der ein nicht ebenbürtiges Mädchen liebt und dessen Hoffnung durch den eignen Vater vernichtet wird. Und in beiden Dichtungen, die mit mannigfachen Unterbrechungen das Fräulein etwa vom siebzehnten bis zum zweiundzwanzigsten Jahre beschäftigt haben, bietet sich den unglücklich Liebenden der gleiche Ausweg: Weltflucht, Flucht ins Kloster. Es ist nicht anzunehmen, daß hier nur ein literarischer Nachhall der tränenreichen Siegwart-Epoche vorliegt. Sondern die Wiederholung des gleichen Themas in zwei auseinanderliegenden, im Stil verschiednen Werken spricht unzweifelhaft dafür, daß Annette selbst in diesen Gärungsjahren den Gedanken an einen etwaigen Eintritt ins Kloster mit sich herumgetragen, wenn auch den Ihren vielleicht verheimlicht hat. Der strengen Katholikin mochte dieser Gedanke näher liegen als andern, aber ihr scharfer Verstand erkannte bald, daß das Kloster ihr nicht würde helfen können.

Von dem dritten Jugendwerke endlich, der „Ledwina", ist nur ein Fragment erhalten. Es sollte eine größere Novelle respektive ein Roman werden. Man sieht auch an diesem steten Wechsel der Form, wie unruhig Annette hin- und hertastet. Auf das Drama ein Epos, auf das Epos der Roman. Die beiden ersteren waren reichlich weitläufig, aber der Vers bewirkte doch immerhin eine gewisse festere Bindung, eine stärkere Konzentration. Die erste Prosa mußte dagegen formlos verlaufen. So nimmt die ungeheure Weitschweifigkeit nicht sonderlich Wunder. Das Thema

– wenn man überhaupt davon reden kann – ist wenig erquicklich. Wahrscheinlich sollten die Liebe und der Tod zweier unheilbar an „Bluthusten" leidenden Menschen geschildert werden. Das Fragment ist nur wichtig, weil sich darin zum erstenmal, und gleich in stärkster Übertreibung, all die ungesunden Züge der Drosteschen Kunst zeigen, einer Kunst, die zuzeiten doch eine solche der kranken Nerven wird, die das Pathologische streift, die „wollüstig an des Grauens Süße" saugt. Man hat in „Ledwina" auch wieder die Gegenüberstellung der beiden ungleichen Schwestern wie in „Bertha", und es ist erklärlich, daß die über ihre Jahre reife Annette, die nach eigenem Geständnis „sich immer gerne zu Älteren gehalten", sich selbst oder vielmehr ihr poetisches Abbild in beiden Werken auch zur älteren Schwester stempelte – zu der älteren, die immer entsagen muß, während die jüngere der höchsten Lebenserfüllung entgegengeht. Und wie Annette im „Walther" von dem „Gott" (der Liebe) gesprochen hat, „dem jeder Busen Qpfer brennt", so gesteht sie in Ledwina durch den Mund der Entsagenden: „Ach, Therese, Du wirst sehr glücklich sein, das sag' ich frei und schäme mich nicht. Wir suchen doch einmal alle, wenn schon meistens inkognito..." War aber früher die Nichtebenbürtigkeit des einen Teiles der Grund, der die Liebe hoffnungslos machte, so ist es hier die ewige Krankheit, der „erbärmliche" Körper. Es braucht dabei kaum daran erinnert zu werden, wie das Freifräulein zu leiden hatte. Sie konnte vom „Walther" ja nicht einen halben Gesang schreiben, ohne einen „Anfall" zu bekommen: die bösen Kopfschmerzen wechselten mit Augenentzündungen und andern weniger gefährlichen, als peinigenden Krankheiten ab, und den „Bluthusten" und die Todesahnungen des Liebespaares in „Ledwina" kannte sie ja auch. Noch mehr: der Wahnsinn, der in dem Romanfragment ein beliebtes Gesprächsthema abgibt, scheint auch sie geschreckt und vor ihr gestanden zu haben. Denn in manchem Gedicht verrät sie ihre Todesangst, in Geistesgestörtheit zu fallen:

> „O Gott, ich kann nicht bergen,
> Wie angst mir vor den Schergen,
> Die Du vielleicht gesandt,
> In Krankheit oder Grämen
> Die Sinne mir zu nehmen,
> Zu töten den Verstand!
>
> Es ist mir oft zu Sinnen,
> Als wolle schon beginnen
> Dein schweres Strafgericht;
> Als dämmre eine Wolke,
> Doch unbewußt dem Volke,
> Um meines Geistes Licht."

Dieses todesbange Gedicht steht im „Geistlichen Jahr", einem großen Liederzyklus, dessen (kleinere) erste Hälfte etwa 1818-1820 entstand. Die Großmutter in Bökendorf, die heilige, hatte die Anregung dazu gegeben: sie wollte gern ein paar fromme Lieder für sich, und Annette war gefällig, wie immer, wenn Verwandte oder Freunde etwas von ihr erbaten. später wurde sie bestimmt, den Zyklus fortzusetzen. Und waren die ersten Lieder doch eben für die Großmutter, so schrieb Annette die folgenden aus ihrem eignen Herzen heraus.

Wie kam sie darauf? Welche Brücken führen von der „Ledwina" zum „Geistlichen Jahr"?

Man würde den Einfluß der frommen Großmutter überschätzen, wenn man ihren Wunsch als allein ausschlaggebend ansähe. Auch ein eignes Herzensbedürfnis muß das Fräulein hier geführt haben. Man stelle sich den Zustand der jungen Annette vor: ein krankes, glühendes, von den Ihren nicht verstandenes Herz, ein Menschenkind, das sich ringsum wundstößt an der Enge, das ein irres Hinausweh hat, das aber lächelt, um die Seinen nicht zu betrüben; ein Menschenkind, das ewig krank ist, ewig von marterndem Kopfschmerz geplagt wird und bei dem unklar gärenden Gefühl, dem allzu vielen Denken schließlich wahnsinnig zu werden fürchtet. Es gab da nur drei Erlösungsmöglichkeiten: durch die Liebe, durch die Kunst, durch die Religion.

Die Liebe – da sahen wir, wie das Freifräulein verzichten mußte. Der natürliche Ausweg war ihr verschlossen, nicht nur durch die Familie und die Verhältnisse, nicht nur durch ihre Krankheit, doch auch durch ihr eignes Empfinden. Eine andre hätte sich empört und aufgelehnt – in ihr, die das Wort gesprochen: „Nichts reißt des Blutes Fäden los", war zu viel „Pietät", zu viel Adels- und Familienbewußtsein, daneben auch ein (manchmal unheimlich zersetzender) scharfer Verstand, der das heiße Herz korrigierte und zügelte. Die Pforte war geschlossen.

Da war eine zweite offen in der Kunst, allgemeiner: in geistiger Betätigung. Annette versuchte es damit. Aber auch hier stieß sie bald auf Schranken. Die allgemeine Verständnislosigkeit der Umgebung wäre zu ertragen gewesen. Doch es ist ganz unzweifelhaft, daß ihr nicht nur passiver, sondern auch aktiver Widerstand entgegentrat. Gegen ein „bißchen Dichten" hatte die Familie nichts einzuwenden, aber als aus der bloßen Liebhaberei heiliger

Ernst werden wollte, da wird sich besonders die Mutter, die noch der vierzigjährigen Tochter nur widerstrebend die Erlaubnis zur Herausgabe eines noch dazu anonymen Gedichtbändchens gab, stark dawidergesetzt haben. Und den stärksten Bundesgenossen fand sie auch hier wieder in Annettens „Pietät", die man *vielleicht* bewundern, *sicher* bestaunen muß. Es war nicht nur dies, daß die Tochter nie und nimmer der Mutter ungehorsam gewesen wäre. Nein, sie kämpfte aus lauter „Pietät" auch gottgeborne Gaben nieder. Sie versuchte ihre Phantasie, ihren Verstand an die Leine zu legen. Dieser grübelnde, zersetzende Verstand, dem sie in den „Geistlichen Liedern" immer von neuem flucht, riß ihr gleichsam manchmal aus; er machte dann vor nichts halt, nicht vor den traditionellen moralischen und gesellschaftlichen Begriffen, die für Eltern und Geschwister etwas unantastbar Heiliges waren, noch selbst vor den christlichen Dogmen, dem Glauben. Bis dann Annette, gleichsam erwachend, sich vor einem furchtbaren, schwindelerregenden Abgrund befand, und nirgends mehr fester Grund war, worauf ihr Fuß treten konnte. Dann lenkte sie entsetzt und verzweifelt zurück, hätt' sich am liebsten geißeln mögen wie eine von sündigen Zweifeln erfaßte Nonne, drückte die Augen zu und sprach sich immer wieder vor, daß sie schlecht und undankbar sei, und wie vortrefflich alles eingerichtet wäre, und daß sie sich ein Beispiel nehmen müsse an ihren zufriednen, fröhlichen, gläubigen Eltern und Geschwistern. Man sieht: es gab doch auch hier kein Weiterkommen. Denn der Weg, der zu einer Freiheit hätte führen können, führte über alles hinweg, was ihre „Pietät" respektierte, kehrte sich nicht an Tradition und Dogma, war eben deshalb für sie nicht gangbar. Lieber schlug und beugte sie *sich*, ihre Phantasie, ihren Verstand, als eben die Tradition und das Dogma, die den Ihren heilig waren. Hin- und hergezerrt, sich selbst marternd, krampfhaft sich festklammernd an die Schranken ringsum, an denen sie sich doch wieder blutig stieß, ihre Kraft erschöpfend in einem Kampfe gegen die eigne Feuerseele, immer wieder siegend, aber doch nicht stark genug, um ihren Geist ganz zu fesseln und ihm die Adlerflüge in schwindelnde, verbotne Höhn zu verwehren – man begreift, daß sie manchmal für ihren Verstand fürchtet.

Doch wo alles andre versagte, konnte vielleicht die Religion helfen. Hier war sie mit ihrer Familie eins, hier setzte ihr nichts Schranken. Sich ausliefern mit gebundenen Händen, sich zum Glauben zwingen, sich gleichsam hypnotisieren, daß man nichts andres mehr sah! Das ist ungefähr der Seelenzustand der Droste. Der Gedanke an die Flucht ins Kloster, der in „Bertha" und „Walther" stark hervortritt, gewann so Macht über sie, daß sie sich gleichsam selbst ein Kloster baute und sich darin gefangen setzte. Sie hat ein wundervoll charakteristisches Wort in dem Briefe gesagt, den sie der Mutter über ihre geistlichen Lieder schreibt: daß nämlich „ein immer erneutes Siegen in immer wieder auflebenden Kämpfen" ihr „das einzig zu Erringende, und ein *starres Hinblicken auf Gott* das einzig übrige Ratsame" scheine.

Das „*starre* Hinblicken auf Gott"... ich sprach vorhin von einer Selbsthypnose, einer Autosuggestion. Annette *wollte* glauben, koste es, was es wolle. Deshalb ist eine ängstliche Krampfhaftigkeit in ihrem Glauben, keine sichre Fröhlichkeit. Und immer wieder ein Zweifeln und Verzweifeln, ein Sich-Geißeln und Sich-Anklagen, weil die

Gedanken sich nicht bändigen ließen, weil die starr auf das Kreuz gerichteten Augen doch immer von neuem abirrten. Ihr späterer Freund, der fromme Schlüter, hat es nie begreifen können, daß der Glaube, der ihn erhob und erquickte, das Fräulein geradezu niederzudrücken schien. Aber im Grunde sollte er nichts anderes. Er sollte nicht Flügel lösen, sondern Flügel, die gar zu hoch schweben wollten, binden; er sollte die Kette sein, die den Adler in der Enge fesselte, und das Licht, das die Enge erträglich machte.

Man mag sich danach die geistlichen Lieder denken, nicht die wenig individuellen, aus dem frommen Sinn der Großmutter herausgesungenen, sondern die Lieder des „Geistlichen Jahres". Da trifft man weder den sieghaften Trutz und die herrliche Gefühlsmacht Luthers, noch die fromme Gläubigkeit Gerhardts, noch die süße Innigkeit eines Novalis. Nur das verzweifelte Sich-Wehren eines Kämpfers gegen Anfechtungen aller Art. Keins dieser Lieder hat sich entfalten können zu einem Lied der Gemeinde. Denn keins ist aus großem natürlichem Glauben geboren, der, wie Annette sagt, doch stets „eine besondre wunderbare Gnade Gottes" ist, „die auch das heißeste Gebet nicht immer herabruft". Für alle sehr frommen Menschen, charakterisiert das Fräulein die eignen Schöpfungen weiter, sind sie völlig unbrauchbar, „denn ich habe dem Buche die Spuren eines vielfach gepreßten und geteilten Gemütes mitgeben müssen... Es ist für die geheime, aber gewiß sehr verbreitete Sekte jener, bei denen die Liebe größer wie der Glaube, für jene unglücklichen, aber törichten Menschen, die in einer Stunde mehr fragen, als sieben Weise in sieben Jahren beantworten können."

Lieder eines edlen Herzens, das nicht so glauben kann, wie es möchte – da verschließt sich also eigentlich auch der dritte und letzte Weg, der zum Frieden führen konnte. Ob Annette das erkannt hat? Ob eine unsägliche Mutlosigkeit sie befiel? Man möcht' es fast glauben, denn nicht nur findet die erste Hälfte des „Geistlichen Jahres", die vom Neujahrstag bis zum Sonntag nach Ostern reicht, keine Fortsetzung, bricht die Arbeit plötzlich ab, um erst nach 18 Jahren auf äußeres Drängen wieder aufgenommen zu werden – nein, es kommen auch fünf Jahre, von denen wir nicht wissen, wie die Dichterin sie verbracht hat. Sicherlich hat sie in dieser Zeit nichts geschaffen, wahrscheinlich auch innerlich und äußerlich nichts Bedeutsames erlebt – sonst hörten wir doch eine Andeutung. Ein Hinleben in matter Dumpfheit scheint es gewesen zu sein, in jener Dumpfheit, die sich nach dem Fehlschlagen aller Erlösungsversuche des abgematteten Kämpfers bemächtigt. Und es scheint mir oft, als wäre das beinah das Traurigste, daß fünf lange Jahre, in denen jeder andre Mensch die entscheidenden Bahnen findet und am eifrigsten schafft, im Lebensbuch der Droste wie leere Blätter stehn. Wir müssen die Dreiundzwanzigjährige verlassen und finden erst die Achtundzwanzigjährige wieder.

Ihr Zustand, der körperliche wie der seelische, gab jedenfalls zu den größten Besorgnissen Anlaß. Die Ärzte rieten dringend zu einer Luftveränderung. Annette sollte in eine andre Umgebung, sollte auf neue Gedanken kommen. So wird sie denn im Herbst 1826 an den Rhein geschickt, nach Köln zum Bruder ihrer Mutter, jenem Werner von Haxthausen, von dem wir schon hörten.

Wie sie in dem freieren Leben aufblühte! Wie sie frischer und gesünder ward! Wie sie sich wohl fühlte in dem geistig regsameren Kreise, wie sie sang, musizierte und fröhlich war! Das „Hinausweh" war gestillt – ein halbes Jahr durfte das Fräulein freiere Luft atmen. Dann rief sie ein Brief nach Hause. „Unbeschreiblich schwer" trennte sie sich von Köln; sie hätte den ganzen Tag am liebsten weinen mögen. Sie sagte sich immer vor: Du kommst ja zu Deinen Eltern!

Dies fröhliche Aufblühn am Rhein, diese schwere Heimkehr sprechen Bände.

Großen Veränderungen fuhr die Neunundzwanzigjährige entgegen. Ihr Bruder Werner heiratete Ende Mai; am 25. Juli starb ihr Vater.

Er war nicht stark genug gewesen, daß sie jemals an ihm einen Halt hätte haben können. Er hatte nur die Drostesche Gefühlsweichheit, nicht auch den Verstand, den Annette als Muttererbteil mitbekommen. Er hatte für seine Orchisbeete mehr Verständnis, als für Zweifelsqualen und Herzensbedrängnisse. Aber es war doch ein geheimes Band, das Vater und Tochter zusammenknüpfte, denn sie hatten ein inneres Gemütsreich, vor dessen Grenzen die tüchtige Mutter stillstehn mußte. Bringt man dazu Annettens ewig wache Pietät in Einschlag, so wird man ermessen können, daß der Schlag sie schwer traf.

Er führte auch in ihrem bisherigen Leben einen großen Umschwung herbei. Hülshoff, das Stammgut, ging natürlich auf den ältesten Sohn, den eben verheirateten Werner Konstantin, über. Der Mutter mußte ein Witwensitz angewiesen werden. An ihres Vaters Sarge wird das Fräulein, dessen Hülshoffer Tage gezählt waren, noch einmal zurückgeblickt haben auf das Leben, das sie bisher gelebt.

Ob sie freudig daran zurückgedacht hat? Bei ihrem scharfen Verstand, bei der Strenge, mit der sie sich selbst richtete und beurteilte, glaubt man das nicht. Denn sie mußte sich wohl sagen, daß ihr Leben – wenn auch nicht durch ihre Schuld – ziellos, planlos, verpfuscht war. Sie war auf dem Wege, eine alte Jungfer zu werden; sie hatte nichts Rechtes zu tun und für niemanden zu sorgen; die Heiratsaussichten wurden immer geringer, die Kränklichkeit nahm eher zu. Eigentlich war sie unnütz auf der Welt – es brauchte sie niemand. Als Freifräulein von Droste war ihr nicht gestattet, sich nach eignem Geschmack eine ihr Leben ausfüllende Beschäftigung zu suchen. Selbst ihre Kunst durfte ihr nicht zu ernster Arbeit werden. Sie sollte nach Familienwillen eben nur nebenbei bedacht, dilettantisch betrieben werden. Das echt dilettantische Anfangen und Nicht-Fertigmachen tritt uns auch in allen bisherigen Werken Annettens entgegen. „Bertha" und „Ledwina" blieben Fragment, das „Geistliche Jahr" ward nur zur kleineren Hälfte vollendet, und der „Walther" ist nur äußerlich zum Abschluß gebracht, ist, wie auch Kreiten bemerkt, eigentlich gleicherweise ein „Bruchstück, ein Anfang, dem das Ende fehlt". An einen Freund schreibt Annette selbst 1837: „Ich habe den Fehler, nichts zu vollenden." Das ist rechte Dilettantenart. Man sieht, wie sich fast alles vereinte, um eine Kraftzersplitterung herbeizuführen: allzu große Mannigfaltigkeit der Talente, die Abneigung der Mutter gegen intensives Schaffen, die ewigen jede Arbeit unterbrechenden Krankheiten und andres mehr. Alle großen und kühnen Ansätze waren im Grabe geendet – was sollte man dem Freifräulein, das Hülshoff verließ, wohl für eine Prognostikon stellen? Besonders da ihre Zukunft noch hoffnungsloser schien als die Vergangenheit gewesen war?

Denn sie sollte ja nur aus *einer* Enge in die andre, aus *einer* Stille in die noch größere Stille ziehn! In eine Stille, in die kein Ton der weitfern vorüberrauschenden Welt schlug, in eine Abgeschlossenheit, in der sie gleichsam lebendig begraben war. Denn ihr, der Mutter und der Schwester war das weltferne Rüschhaus, ein kleiner Familienbesitz, zum Wohnort angewiesen worden. Dort sollte sie, wenn es eben nicht anders ging, mit einer bescheidnen Leibrente leben und sich mit Würde auf den Beruf einer alten Tante vorbereiten, die hin und wieder zu Besuch und Aushilfe im Lande umherreisen und Geschwisterkinder wiegen konnte, bis sie gottselig starb.

Als die schwere Familienkutsche vom Hülshofe herunterrumpelte, als das große graue Herrenhaus mit den Eichen und Buchen, die es umstanden, mit dem steinernen Ritter, der aus dem Brückentor sprang, allmählich versank – da versank doch nicht nur die Kinderheimat. Der Abschied vom Schlosse ihrer Jugend war für Annette ein Abschied von der Jugend selbst.

„Über Bimini, dem blauen Land, ging rot die Sonne unter."

II.

Rüschhaus

Das Fräulein war ungefähr dreißig Jahre alt, als sie das Herrenhaus von Hülshoff mit dem Bauernhaus von Rüschhaus vertauschte.

Sie hatte im Gegensatz zu der hohen und schlanken Mutter und der jüngeren Schwester eine kleine, zartgebaute Gestalt – sie soll „zart bis zur Unkörperlichkeit" gewesen sein. Sie trug sich immer etwas vornübergebeugt, als ob der Kopf mit seiner Haarfülle zu schwer für sie sei. Was vor allem an ihr auffiel, waren ihre Augen und war eben ihr Haar. Die Augen waren außergewöhnlich groß und erschienen nach größer, weil sie seltsam vorstanden. Annette selbst sprach oft sehr ungeniert über diese merkwürdig hervortretenden und wunderlich sich bewegenden Augen. Man sah, erzählt Schücking, die Pupille durch das feine Lid schimmern, wenn sie es schloß. Aber diese großen, hellblauen, bei aller Gutmütigkeit scharf blickenden Augen waren äußerst kurzsichtig. Aus fünf bis sechs Schritt Entfernung konnt' sie Gesichtszüge nicht mehr unterscheiden, aber sie soll in dem Glase Wasser, das sie dem Auge nahebrachte, die Infusorien erkannt haben. Daraus erklärt sich nicht nur ihre zierliche und ungeheuer kleine Schrift, deren Entzifferung unendliche Schwierigkeiten bereitet – so hat sie die fast zweieinhalbtausend Verse der „Schlacht im Loener Bruch" auf neun Folioseiten geschrieben – es erklärt sich daraus, was leicht übersehen wird, auch manche dichterische Eigentümlichkeit.

Das zweite Bemerkenswerte und Auffallende an ihrer äußeren Erscheinung war das schwere, übermäßig reiche, hellblonde Haar, das sie, wie die meisten Bilder zeigen, in jüngeren Jahren in langen Ringellocken trug, während es später hochgewunden wie eine Krone auf ihrem Haupte ruhte. Als die Dichterin 1830 in Bonn weilte und sich bei einem Friseur abonniert hatte, wollen Freundinnen oft gesehen haben, wie in der Frisierstube das gelöste Haar sie vollständig wie ein Mantel umgab.

Die Stirn war nach Schückings Angaben hoch, breit, ausgebildet; die Nase lang, fein und scharf geschnitten; der Mund zierlich, klein, schön.

In ihrer Kleidung war das Fräulein sehr einfach. Es war ihr unerträglich langweilig, viel Zeit auf ihre Toilette zu verwenden. Es machte sie ganz „unglücklich", daß sie sich in Bonn einen neuen Hut und sonstigen Staat kaufen sollte. Und ein charakteristisches Geschichtlein will wissen, daß sie selten so vergnügt war, als an jenem Tage, da sie in Münster ein neues, aber schlechtes Kleid aus dunklem Stoff erstanden hatte. Jetzt, behauptete sie, wäre sie fein heraus: sie könne damit in jede Gesellschaft gehn, denn das Kleid wäre doch neu, und ebenso durch Wetter und Wind tosen, denn es sei auch schlecht und billig. Nur selten zog sie ihr bestes „Seidenes" an und steckte dann wohl, wie die ein wenig idealisierte Rüllersche Marmorbüste es zeigt, einen uralten, kostbaren, mit Edelsteinen besetzten Kamm in ihr Haar.

Da sie für sich also wenig brauchte, mochte die kleine, auf etwa 400 Taler geschätzte jährliche Leibrente, die sie seit des Vaters Tode erhielt, völlig genügen. Im weltfernen Rüschhaus wär' sie kaum auszugeben gewesen.

Dieses Rüschhaus, die neue Heimat, lag näher an Münster als Hülshoff, etwa eine Stunde von jedem entfernt, aber die Landstraße führte nicht daran vorüber. So war die Abgeschiedenheit auf der einen Seite größer, auf der andern ließ sich doch leichter ein Verkehr mit hauptstädtischen Freunden unterhalten. Das Haus war eigentümlich: von vorn gesehn ein großes, echt westfälisches Bauernhaus, nach dem Garten zu aber ganz herrschaftlich ausgebaut, mit Gesellschaftssaal, Freitreppe u. a. m. Ein Garten umgab es, den wieder ein schmaler „Burggraben" einschloß. Wenn man aus den Fenstern der niedrigen Stuben sah, begrenzten überall Hecken, Bäume, Gehölze den Blick und führten ihn wieder zurück. „Nur hier und dort", schreibt Levin Schücking, „ist ein Ausblick auf ein umwalltes Ackerstück, einen Wiesenfleck und auf eine blaue Hügelreihe jenseits derselben gelassen. Kein Geräusch, als höchstens das Wiehern eines Pferdes... unterbricht diese Stille; oder das Schnattern der Enten, die auf dem schmalen Graben die Wasserlinsen schlucken, das Gegacker eines Huhnes, das mit schiefgehaltenem Kopf den Habicht erspäht, der über den Eichenwipfeln seine Kreise zieht. Man könnte vergessen in dieser stillen Ländlichkeit, daß es draußen, jenseits der Büsche, noch eine Welt, noch Lärmen und Aufregung gebe!"

Da hauste nun Annette mit der Mutter und der Schwester Jenny zusammen lange Jahre. Die lebhafte Mutter war oft verreist, Jenny heiratete und zog, wie noch zu erzählen sein wird, nach dem Süden. So hat denn das Fräulein in dem Gefängnis – besonders im Winter war es eins – oft

Annette von Droste-Hülshoff
Ölgemälde in Familienbesitz.
(Nach einer Photographie der Photographischen Gesellschaft, Berlin)

mutterseelenallein gesessen und hat sich gefragt, ob sie eigentlich noch lebe oder schon tot sei. Sie bewohnte ein paar niedrige Entresolzimmer, darunter eins, das sie ihr „Schneckenhäuschen" nannte und das nur gute Bekannte betreten durften. Die Schwalben kamen im Sommer zu ihr ins Zimmer, setzten sich auf das alte Klavier oder bauten sich gar auf dem „monumentalen" Kachelofen an. Das wichtigste Möbel aber war ein mächtiges schwarzes Kanapee, auf dem Annette viele, viele Stunden träumend und brütend zugebracht hat, oft „in höchster Saloppheit mit untergeschlagenen Beinen wie eine Türkin darauf sitzend". Noch später, als sie am fernen Bodensee weilte, erinnert sie Schücking an dieses ungeheure Möbel, auf dem ihre treuste Dienerin, oft ihre einzige Gesellschaft, die alte Amme gestorben ist.

Diese alte Amme, die eine kluge und treffliche, zuletzt kranke und wunderliche Frau war, daneben natürlich auch eine „Vorkiekerin", wohnte im letzten der dem Freifräulein zugewiesenen Zimmer. Jeden Morgen in aller Frühe stand Annette auf und ging nach ihrer Kammer – in der steten Furcht, daß sie die Alte einmal als Leiche im Bette finden würde. Die zog ihr dann die Jacke an, weil die Greisin mit der Hartnäckigkeit alter Leute behauptete, nur Fräulein Nette verstehe das, unterhielt sich noch ein Weilchen mit ihr und begab sich selbst dann wieder zu Bett, wo sie schrieb, las, betete, bis es neun oder zehn Uhr ward. Um diese Stunde mußte ihr ein Glas Milch und ein großes Käsebutterbrot gebracht werden. Wenigstens erzählt dies ihr Freund Schlüter. Sie selbst schreibt in einem Briefe an ihn, daß sie sich durch das viele Kranksein manche Wunderlichkeiten angewöhnt habe; sie frühstücke erst um halb elf, kalte Milch mit kaltem Wasser vermischt oder mit kaltem Kaffee. Mittags aß sie noch sonderbarer. „Nichts wie Kartoffeln in der Schale mit etwas allemal kaltem Fleisch, welche Torheit! und doch hat sich meine Natur so dran gewöhnt, daß warme Speisen mich schon nach einigen Tagen krank machen." Damit aber die Leute ihretwegen keine unnütze Mühe hätten, ließ sie das Fleisch gleich Montags braten, besonders Leber, und aß die ganze Woche davon. Wenn sie so den halben Tag im Bett zugebracht, ging sie wohl in den Garten, sah zu, ob das Gewürzbäumchen blühte, oder blickte, wie Elise von Hohenhausen berichtet, stundenlang in die weite, lautlose Heide hinaus, lose gegen einen der knotrigen Eichenstämme gelehnt, welche die Saaten der grünen Kämpe umgaben. Oder sie lagerte sich an versteckten Waldplätzen neben tiefe, stille Teiche, deren Ufer mit Ried, Kalmus und Binsen reichlich besetzt waren. Oder sie streifte, „wie eine Nonne mit fliegendem Haar (?) und in dunkle, unschöne Gewänder gehüllt", auch weit umher, in den Händen, die schmal und weiß waren, einen kräftigen Hammer.

Um nämlich doch irgendwie etwas zu haben, was ihre Zeit und Interesse in Anspruch nahm, hatte sie sich zu einer eifrigen Sammlerin entwickelt. Sie sammelte Münzen, Muscheln, Autogramme, Gemmen, Mineralien, Versteinerungen, alte Uhren, Elfenbeinsachen, überhaupt Altertümer und Kuriositäten. Ihre Schübe und Schränke, besonders die mächtige Schublade des braunen Tisches, der vor dem schwarzen Kanapee stand, waren mit solcherlei Schätzen vollgepfropft. Da streifte sie eben mit dem Hammer herum, klopfte überall nach den in der Umgebung von Rüschhaus reichlich im Sand und Kalkgestein enthaltenen Versteinerungen und brachte immer eine tüchtige Ausbeute heim. Sie liebte es auch außerordentlich, ihre Sammlungen zu zeigen. Die vergrabenen Schätze konnte sie nicht leiden; sie machten ihr selbst nur Spaß, wenn sich andre dran ergötzten – ein wichtiger Zug, an den wir uns später noch erinnern müssen. Und gern entließ sie jeden Besucher beschenkt, und wenn's ein Stein oder eine Münze war, die er mitnehmen mußte.

Wenn sie auf diese oder jene beschriebne Weise ihren Tag hingebracht hatte, und der Abend kam, dann holte sie sich wohl die alte Amme herüber, besonders in der frühen Winterdämmerung. Beide, das Freifräulein und die greise Bäuerin, rückten sich dann die Schemel dicht ans Feuer und plauderten plattdeutsch zusammen, während der helle Schein vom Ofen zwischen sie auf die Diele fiel. Und von einem wunderlichen Phänomen weiß Schücking zu berichten. Unter Annettens Zimmer befand sich gerade die Gesindestube, in der die Beschließerin und die Hausmagd abends spannen und sich mit dem Knecht unterhielten. Man hörte nach oben das Schnurren der Räder und Wechseln der Stimmen. Und immer soll sich wiederholt haben, daß lange nachdem die Leute schlafen gegangen waren, wenn Totenstille im ganzen Hause herrschte, plötzlich das Räderschnurren und Sprechen dumpf wieder begonnen habe, bis eine vorgenommene Untersuchung es als ‚Gehörhalluzination' erwiesen hätte. Aber es ist kein Wunder, daß in solcher Toteinsamkeit Annettens nervöse Reizbarkeit und ihr Hang zum Spukhaften sich noch steigerten. Er fand ja überall Nahrung. Es wird berichtet, daß sie mit Vorliebe abends im dunklen Garten, in dem sie mit etwaigen Besuchern spazierte, Gespenstergeschichten erzählte und sich diebisch freute, wenn ein Eulenschrei oder Unkenruf die schauerliche Stimmung noch hob. Aber ihre Nerven waren doch so gespannt, daß sie oft beim Anschlagen der Torglocke zusammenfuhr und Herzklopfen bekam. Damit ist schon gesagt, daß sie wenig Gleichmäßiges in ihrem Wesen hatte, von dem Eindruck des Augenblicks sehr abhängig und dann unter Umständen auch heftig und ungerecht war.

So also sah es mit dem Tagewerk des Fräuleins in Rüschhaus aus. Waren Mutter und Schwester zugegen, so ging es allerdings lebendiger zu. Die Mutter mit ihrer Haxthausenschen Unruhe sorgte schon dafür. Und die gehorsame Tochter mußte sich auf jeden Anruf stellen, die Feder mitten im Vers liegen lassen und davoneilen.

Man wird sich mit dieser Mutter, die ja schon charakterisiert ward, hier auseinandersetzen müssen. Gerade in Rüschhaus waren die beiden Frauen ja unvergleichlich mehr aufeinander angewiesen, als im belebteren Hülshoff. Aber es ist doch eine Frage, was das Fräulein vorzog: die schwere Einsamkeit oder die Gesellschaft der Mutter.

Denn sie hat nicht nur viel Liebe zu ihrer Mutter gehabt, nicht nur einen steten Gehorsam – nein, doch auch, solange sie lebte, viel Scheu und viel Furcht vor ihr. In „Ledwina" hat sie folgende, nicht genug zu beachtende Worte gesagt: „Ihr (– es sind erwachsene Kinder gemeint –) könnt Euch freuen, nicht vor dreißig Jahren jung gewesen zu sein; *da wurden die Leute im Verhältnis zu ihren Eltern nie groß*. Widerspruch von der einen Seite gab es in der Regel gar nicht, und nur selten dargelegte Gründe von der andern.

Das ist aus einer wehen Erfahrung herausgesprochen. Auch Annette ist im Verhältnis zu ihrer Mutter nie groß geworden. sie blieb das Kind, das die aufgegebne Maschenzahl stricken mußte. Wie groß die ängstliche Abhängigkeit der Tochter war, sieht man aus ihren und ihrer Freunde Briefen. Natürlich beklagt sich die verschlossene Annette nie. Sie sagt höchstens: „Meiner Mutter Meinung hat allemal so großen Wert für mich, selbst wenn sie nicht die meinige ist; Sie begreifen das!" Oder: „Meine Mutter war Ihnen vom Anfange her überaus gewogen, und das ist in meinen Verhältnissen von großem Wert." Ja, es war von großem Wert, denn die alte Frau behielt sich in all und jedem die Entscheidung vor, und es war nicht gut, wenn ihr einer nicht paßte. Adele Schopenhauer bittet ihre Freundin Annette recht charakteristisch: „Erhalten Sie mir der Mutter Gunst, so komme ich doch, sobald ich kann." Mit wunderbarem Instinkt hat die zähe Dame auch immer herausgefühlt, welche Persönlichkeiten etwa die von ihr gezognen Kreise stören konnten. Sie scheint gegen den Mann, der ihrer Tochter als Erlöser kam, gegen Levin Schücking, nie ganz ihr Mißtrauen verloren zu haben. Und eigentlich hat sie ihren Kindern, bei all ihrer Klugheit und guten Absicht, den Weg verbaut, wo sie konnte. Sie hat sich energisch gegen Jennys Heirat gestemmt: erst nach Jahren konnte die Erlaubnis ihr abgerungen werden. Sie hat sich ebenso energisch gegen eine ernstere poetische Tätigkeit Annettens gewehrt. Sie hat in ihren Kindern eigentlich nie gleichberechtigte Menschen gesehen, sondern immer eben die Kinder, die Zöglinge, für die ihr Wille maßgebend war, die einen eignen Willen nicht hatten.

„Ein Sohn hat seinen Herrn, solang zwei Augen offen stehen", heißt es in einem Gedichte des Fräuleins.

Es war selbstverständlich, daß die Mutter, die keinerlei feineres poetisches Verständnis besaß, sich trotzdem auch die Entscheidung in allen literarischen Angelegenheiten der Tochter vorbehielt. Die *vierzigjährige* Annette muß die Einwilligung zum Druck eines anonymen Gedichtbändchens schwer von ihr erkämpfen. Über die „Geistlichen Lieder" kann sie keinen Bescheid geben, „da meine Mutter... darüber bestimmen muß". Die *dreiundvierzigjährige* Dichterin möchte wohl gern an Ferdinand Freiligrath schreiben, aber – die Mutter erklärt sich entschieden gegen jeden persönlichen oder schriftlichen Verkehr, der natürlich unterbleibt. Und so geht es weiter: immer die Mutter, die Mutter! Annette ist sehr wohltätig und verschenkt viel an Ärmere – die Mutter darf es nicht wissen. Sie findet ein rührend-wunderliches Altfrauenglück in ihrem Verhältnis zu Schücking – daß nur um Himmels willen die Mutter nichts von dem wahren Charakter dieser Freundschaft erfährt! Ja, Schücking muß „offizielle" Briefe schreiben, die sie der Mutter vorlegen kann, und andre, die für sie ganz allein bestimmt sind. Sie bittet den Freund, da Briefe an sie erbrochen würden, nie mehr „Du" zu schreiben und seine Mitteilungen an bestimmten Terminen abgehen zu lassen. Also nicht einmal nach ihrem Gusto korrespondieren darf die fünfundvierzigjährige Annette von Droste!

Hier tritt jener harte, beschränkte Zug in der Mutter hervor, der Erbitterung erregt. Man wird ihrer Erziehung der jungen Annette vieles nachrühmen müssen: sie hat den phantastischen Geist auf Klares und Tüchtiges gelenkt. Aber sie hat später dafür reichlich an der Tochter gesündigt. Dem Kind ein Segen, der Erwachsenen ein Unsegen; was das junge, schwanke Bäumchen stützte, wehrte dem erstarkenden, sich auszubreiten. Sie hat auf Annette gedrückt, und für die Dichterin wäre es besser gewesen, wenn diese Mutter dreißig Jahre früher gestorben wäre. Denn so verständnislos und nüchtern auch die übrige Familie war – mit der wäre das Fräulein fertig geworden. Mit der Mutter nicht. Und man muß immer wieder staunen, wie die Feuerseele sich der tyrannischen, beschränktklugen Frau gebeugt und welche Belastungsproben ihre Pietät ausgehalten hat.

Es mag gewiß trotz aller kindlichen Liebe und kindlichen Gehorsams nicht immer leicht gewesen sein, in Rüschhaus mit einer solchen, in allem übrigen ja vortrefflichen Mutter zusammenzuleben. Wer will wissen, wie bittre Kämpfe Annette mit sich allein ausgekämpft hat? Was sie bewegte, wenn sie stundenlang in die Heide sah? Wie oft sie „guten Willens Ungeschick", von dem ihr Gedicht sagt, bitter empfand.

Die Jahre gingen hin. Sie las viel, besonders auch die Engländer, deren realistische Kraft und deren Humor für ihr eignes Schaffen bedeutsam wurden. Sie machte 1828 eine Reise nach Bonn und hörte in einem Freundeskreise viel vom Sankt Bernhard erzählen – der Keim, aus dem sich später ihr episches Gedicht „Das Hospiz auf dem großen Sankt Bernhard" entfaltete. Sie hatte natürlich wieder Krankheiten zu bestehen, erst eine Augenentzündung, dann ein bitterböses, schwindsuchtartiges Leiden, für das die Ärzte kein Mittel mehr wußten, bis ein Homöopath eingriff und ihr zur Besserung verhalf. Seitdem war Annette fanatische Homöopathin. Und kaum ist das schlimmste überstanden, da stirbt im Juni 1829 ihr Lieblingsbruder, Ferdinand, der, mit dem sie barfuß durch den Garten gelaufen war, den sie in vielen Gedichten angesprochen hat:

„Und Du in meines Herzens Grund,
Mein lieber schlanker, blonder Junge,
Mit Deiner Büchs' und braunem Hund,
Du klares Aug' und muntre Zunge,
Wie oft hört' ich Dein Pfeifen nah,
Wenn zu der Dogge Du gesprochen,
Mein lieber Bruder warst Du ja,
Wie sollte mir das Herz nicht pochen?"

Der Tod dieses Bruders nahm sie so mit, daß man auch für ihr eignes Leben befürchtete. Und da aus einer geplanten Romreise nichts wurde, wird sie 1830 zur Erholung wieder nach Bonn geschickt. Sie wohnte dort bei ihrem Vetter Clemens, dem Professor des Kirchenrechts, verkehrte viel mit Adele Schopenhauer, Arthur Schopenhauers Schwester, und mit einer Frau Mertens, bei der sie jedoch fast nur Krankenwärterin spielte, und kehrte nach einem halben Jahre, um Ostern 1831, wieder nach Rüschhaus zurück. Wie man sagt, um eine bittre Erfahrung reicher. Es soll nämlich dort in Bonn zu einem heimlichen Verlöbnis zwischen ihr und einem adligen Gutsbesitzer gekommen sein. Sie hätte das Verhältnis jedoch sofort gelöst, als sie erfahren hätte, daß ihr Bräutigam sie hintergehe. Einen poetischen Niederschlag hat dieses kränkende Erlebnis auch nicht andeutungsweise gefunden; mindestens ein Beweis, daß von einer tieferen Empfindung, einer Liebe, von seiten Annettens nicht die Rede gewesen sein kann. Aber man sieht: sie war auch nichts weniger als eheschau, und es war nicht ihre Schuld, geschweige denn ihr Wunsch, daß ihr des Weibes höchste Lebenserfüllung versagt blieb.

Überhaupt brachten ihr die ersten Jahre ihres Aufenthaltes in Rüschhaus wenig Glück. Es war ein großes Sterben um sie, deren Lebenslicht doch auch nur als dürftig Flämmchen brannte. Sie verlor 1829 den Bruder, 1831 in Katharina Schücking eine verehrte Freundin, 1832 den Vetter Clemens, bei dem sie in Bonn gewohnt, 1833 ihren alten Sprickmann, mit dem zwar längst jeder Verkehr eingeschlafen, der ihr aber doch als erster literarischer Erlöser teuer war. Und 1834 verlor sie, wenn auch auf glücklichere Art, ihre Schwester Jenny, die als Neununddreißigjährige dem vierundsechzigjährigen Freiherrn von Laßberg ihre Hand reichte und von Rüschhaus mit ihm auf sein in der Schweiz gelegenes Schloß zog.

So ward es immer einsamer um das Fräulein. Es war nötig, daß ihr Herz einen Ersatz fand für soviel Verluste. Und der Ersatz fand sich.

Es ist nötig, bevor der Blick auf die neue, lange nachwirkende Freundschaft sich richtet, den inzwischen entstandenen poetischen Versuchen Annettens ein Wort zu widmen. Das letzte, was sie geschaffen und unvollendet liegen gelassen hatte, war das „Geistliche Jahr"; es folgte die beängstigend lange Pause von acht Jahren. Dann beginnt sie ein größeres Gedicht, das aber ganz gegen die sonstige Raschheit ihrer Produktion nicht recht vorzurücken scheint. Denn der Plan dazu beschäftigt sie schon im Herbst 1828; Anfang 1829 schreibt sie schon daran, aber Ende 1832 arbeitet sie noch immer, und erst im Frühjahr 1834 liest sie es vor. Es ist „Das Hospiz auf dem großen Sankt Bernhard".

Darin ist zum erstenmal ihr eigentlicher Stil mit allen seinen Vorzügen und Mängeln ausgeprägt. Von einer Handlung kann man kaum reden: der greise Benoit, sein Enkelkind an der Brust, zieht über den Sankt Bernhard, flüchtet – da tritt die echt Drostesche Liebe zum Grausigen hervor – vor der Nacht in ein Leichenhaus, stürzt aber bald, von Schauder übermannt, weiter und sinkt unweit des Klosters erschöpft nieder. Einer der berühmten Bernhardinerhunde bringt das Kindlein auf seinem Rücken ins Hospiz, aber die Mönche, die, von dem Hunde geführt, nach dem Alten suchen, finden nur einen Toten.

Ein schon vollendeter, dann aber unterdrückter dritter Gesang wollte diesen herben Schluß ins Himmelblaue malen, der Greis sollte wieder zum Leben erwachen, Wiedersehn mit seiner Tochter feiern und alles sollt' eitel Wonne sein. Mit richtigem Instinkt hat sich Annette gegen diesen Schluß, für den natürlich die ganze Familie eintrat, gewehrt.

Ich kann die Begeisterung der Biographen für dieses Gedicht nicht teilen. Es ist viel gewaltige Schilderung darin, aber auch viel mühsame, schwerfällige Schilderung. Man glaubt das lange Arbeiten zu merken; die ungeheure Weitläufigkeit, mit der ein nicht sonderlich fruchtbares Thema in die Breite gesponnen wird, ermüdet. Und wenn man die Begabung des Fräuleins kennt, so wird einem immer zweifelloser, daß sie sich hier im Stoffe vergriffen hat. Für sie, die einsam in der Natur lebte, ist die Landschaft leicht Hauptsache, die Personen treten dahinter zurück. Auch im „Hospiz" vermag sie uns tieferes Interesse höchstens für den greisen Mönch Denis einzuflößen. So stellt sich die Schilderung, die Landschaft übermächtig und alles andere erdrückend in den Vordergrund. *Aber diese Landschaft kannte Annette nicht.* Die Tochter der westfälischen Ebene hatte die Schweizer Berge nie gesehn. Sie mußte sich an Erzählungen, Berichte, Bücher halten. Dadurch war sie in der Freiheit des Schaffens sehr beengt; sie konnte nicht so aus dem vollen schöpfen, wie wohl dann, wenn sie die vertraute westfälische Heide vorgeschoben hätte. Und wenn sie auch tausend kleine Züge in ihrer Phantasie zu einem großen Bilde verband, man merkt fast, wie die Züge hineingearbeitet sind. Sie wird nicht ganz frei; sie quält sich deshalb jahrelang mit dem Gedicht. Und es bleibt doch auch in gewissem Sinne Bruchstück.

Dagegen ist die zweite, gleich nach dem „Hospiz" begonnene Dichtung: „Des Arztes Vermächtnis", die man im allgemeinen weniger schätzt, mir viel lieber. Sie ist unvergleichlich freier, flüssiger. Hier hat sich die Droste viel sicherer gefühlt. Hier stehn, was künstlerische Komposition anbelangt, Handlung und Schilderung in viel feiner abgemessenem Verhältnis, hier ist auch die äußere Form reiner. Und das Thema ist so originell und phantasiereizend, daß die Landschaft nicht wie im „Hospiz" alles andre erdrücken kann, ja, das Thema kommt der Drosteschen Art auch in andrer Weise so entgegen, daß hier annähernd ein Einklang von Form und Stoff erreicht ist. Denn die Schwere, die zeitweilige Unklarheit von Annettens Diktion paßt hier zu einem in geheimnisvolles Dunkel gehüllten Ereignis. Ein Arzt ist vor vielen Jahren um Mitternacht von zwei Unbekannten geweckt und mit verbundenen Augen auf steilen, „pfadlosen" Wegen in eine Höhle zu einem Sterbenden geschleppt worden. Er erkennt, daß er unter eine Räuberbande geraten und daß sein Leben verloren ist. Er gibt dem Verwundeten Naphtha, und plötzlich sieht er eine

Frau, die er schon einmal erblickt hat... in Wien, auf einem Maskenball:

> „Um diesen Nacken Perlenschnüre spielten,
> In diesen dunklen Locken lag ein Kranz,
> Es war, als ob auf sie die Fackeln zielten,
> Wenn sie vorüberglitt, ein Lichtstrom ganz.
> Noch seh' ich, wie der milde Kerzenschein
> In Atlasfalten schlüpfte aus und ein,
> Wie eine Rose sich, gelöst vom Band,
> Ob ihrer Augen Brunnen schien zu bücken.
> Sie war das schönste Grasenkind im Land..."

Und nun – wie kommt sie hierher? Halb betäubt fleht der Arzt in einem Augenblick, wo er mit ihr und einem jungen Manne allein ist, um Rettung. Sie wird ihm, aber er verirrt sich im Walde und erlebt, ohne selbst zu wissen, ob es Traum oder Wirklichkeit ist, im magnetischen Schlaf etwas Furchtbares: die schöne Frau wird von einer Klippe hinabgeschleudert. Seitdem ist er verstört. Die Stelle am Kopfe, die sein Retter mit der Hand berührt hat, brennt immer heißer, jede Nacht hat er die Erscheinung. Er hinterläßt seinem Sohne als „Vermächtnis" die Erzählung seines Abenteuers.

Es gibt von Schelling ein kürzeres Gedicht, das einen ähnlichen Stoff behandelt: „Die letzten Worte des Pfarrers zu Drottning auf Seeland", das unter dem Pseudonym „Bonaventura" zuerst in Schlegels und Tiecks Musenalmanach 1802 erschien. Schon Annettens Freunden fiel eine gewisse Ähnlichkeit auf. Von zwei unheimlichen Gestalten wird hier und dort der Arzt resp. der Pfarrer abgeholt, mit verbundenen Augen davongeführt, der eine zum Heilen, der andre zum Trauen, jeder muß einen furchtbaren Eid schwören, nichts zu verraten, in beiden Dichtungen die schöne, bleiche Frau, die aus einem unerklärlichen Grunde gemordet wird, während Arzt und Pfarrer seitdem ein friedloses, gequältes Leben führen.

„Des Arztes Vermächtnis" wird in viel kürzerer Zeit niedergeschrieben sein, als das „Hospiz auf dem großen Sankt Bernhard". Es ist schon gesagt, daß ein ganz neuer Stil – dem „Walther" gegenüber – in den beiden Gedichten hervortritt. Die Sentimentalität ist abgestreift; ein herber Realismus dominiert. Kein Zweifel, daß da besonders die Engländer bestimmend gewirkt haben. Aber ebenso sicher ist, daß das Fräulein selbst innerlich ruhiger geworden ist. Man sieht es schon daraus, daß die beiden epischen Gedichte reine Kunstschöpfungen in dem Sinne sind, daß sich daraus für das Leben und den Seelenzustand Annettens wenig ablesen läßt. Das setzt ein gewisses Gleichmaß der Seele voraus. Es wird auch in einem Briefe der Schwester schon 1825 bestätigt, daß Annette „herzlicher und sanfter" geworden sei. Die Unausgeglichenheit ihrer Natur, die Kämpfe zwischen Pflicht und Neigung, alles, was früher geschildert ward, hatten natürlich ein gleichmäßiges Wesen nicht aufkommen lassen. Annette war unter Umständen scharf, heftig, ja bitter, machte durch ihre Satire und ihr Nachahmungstalent sich leicht auf andrer Leute Kosten lustig, war schlagfertig und keck in der Erwiderung, bereute dann wieder, daß sie zu weit gegangen war – kurz, die unglückliche Mischung ihrer Natur von Frost und Brand, von Haxthausen und Droste, konnte unter Umständen sie und andre quälen. Mit den Jahren mußte sich das geben: das Fräulein mußte zu einer bittren oder einer geduldigen Resignation geführt werden. Ihr großes Herz siegte; sie ward als alternde Jungfer nicht schärfer, sondern weicher; sie lernte nicht hassen, sondern lieben und geduldig tragen. Und diese menschliche Entwicklung beförderte vielleicht ein Mann, den sie zum Freunde gewann und der ihr durch ein stilles, fröhliches Sich-Gedulden ein Vorbild war.

Dieser Mann hieß *Christoph Bernhard Schlüter* und war Privatdozent, später Professor der Philosophie an der Akademie zu Münster. Er war 1801 geboren, also vier Jahre jünger als Annette, hatte sich als achtjähriger Knabe beide Augen schwer verletzt, so daß er schließlich vollständig erblindete, und lebte nun ganz in seinem kindlich-einfältigen Glauben und seiner gelehrten Forschung. Beide, Glauben und Forschung, widerstrebten bei ihm nie, denn was gegen ein Dogma verstieß, konnte eben nicht stimmen und war erledigt.

Dieser Schlüter wird von allen als eine „*anima candida*" geschildert. Es war etwas unberührt Reines und Kindliches in ihm. Es gab gar kein Schwanken: er betete und glaubte; sein Glaube machte ihn fröhlich in Hoffnung und geduldig in Trübsal. Er hatte durchaus nichts Männliches in seinem Wesen, gar keine Ecken; alles war weich, weiblich. Er war empfänglich für Blumen, die das Fräulein ihm schickte, vielleicht auch ein wenig für zärtliche Freundschaftsbriefe, Weihrauch und Watte. Mit einem Worte: eine sanft geschwungene Seele, die gar zu *candida* war, um nicht auch ein bißchen langweilig zu sein.

Unwillkürlich spricht man von diesem Manne mit einer leichten Überlegenheit. Auch Annette tat es trotz aller Freundschaft und Verehrung. Wer ihre Briefe an ihn liest, ohne etwas von ihm zu wissen, taxiert ihn für einen Siebzigjährigen. Dabei war er, wie gesagt, vier Jahre jünger als das Fräulein. Und man muß dies und mancherlei andres doch hervorheben, weil von interessierter Seite versucht worden ist, diesen gewiß verehrungswürdigen Mann zu Ungunsten Schückings in den Mittelpunkt der Droste-Biographie zu rücken.

Dabei ist es fraglos, daß er weder ein sichres poetisches Urteil noch ein tieferes Verständnis für Annette besaß. Er teilte es mit des Fräuleins Mutter, daß er bei aller Klugheit beschränkt war, nur von der sanften Beschränktheit, nicht von der harten. Die Mutter hat gegen ihn auch niemals etwas gehabt. Und wenn diese vortrefflich einem adligen Erziehungsinstitut vorgestanden hätte, so tritt bei Schlüter, dem Professor, das mild überlegne Dozieren dafür ein. Er hat später auch selbst bekannt, daß er die Dichterin im Leben nicht ganz nach ihrem Wert zu schätzen gewußt hätte. Nie ist ihm vor ihren Dichtungen der Gedanke gekommen, daß das Schöpfungen eines Genies oder großen Talentes seien. Er hat immer vorbei geurteilt. Er wollte Annette dazu bewegen, den dritten Gesang des „Hospizes" aufzunehmen; er hat stets von neuem auf das „Geistliche Jahr" verwiesen, denn hier kam der Stoff seiner Frömmigkeit entgegen. Andre Dichtungen, die viel besser waren, mochte er nicht und überging sie mit beredtem Stillschweigen. Er korrespondierte mit Annette, wie eben ein so weich angelegter Mann mit einem interessanten, lernbegierigen, Verse machenden Edelfräulein vom benachbarten Gut korrespondiert. Er empfiehlt ihr Bücher zum Lesen, er stellt ihr wohl auch Aufgaben, nicht, wie die Mutter, eine bestimmte Anzahl Maschen zu stricken, aber über ein bestimmtes Thema etwa ein Gedicht zu machen. Man glaubt Lehrer und Schülerin vor sich zu haben. Und wie das „liebe gute Schlüterchen" jetzt Annette von Droste begönnerte, so begönnerte es später irgend ein andres Fräulein, das „auch" dichtete und deren Verse, wie Annette urteilt, „wie Spülwasser schmecken". Nein, poetisches Verständnis fand das Fräulein bei dem neuen Freunde nicht, obwohl er selber den Parnaß bestieg und in eintönig plätschernden Sonetten „Welt und Glauben" besang.

Annette hatte einen viel zu scharfen Blick, um ihr Schlüterchen nicht zu durchschauen und sich bei aller Verehrung ihm in vielem überlegen zu fühlen. Zweimal hat sie charakteristisch über ihn geurteilt: „Bei Schlüters", heißt es in einem Briefe, „ist alles beim alten – immer gleich wohlwollend, mildtätig und ehrenwert, nur hat die Lombard... den steif gelehrt frommen Ton dort sehr gesteigert..., zudem leidet die frühere Harmlosigkeit des guten Schlüterchens jetzt sehr unter Autorärger und -sorgen, denn er ist überaus ehrgeizig und von seinen vielen gelehrten oder frommen Broschüren, bald Übersetzungen, bald *propre crû*, hat noch keine besonders Glück gemacht." Sie spricht dann noch von seinen „endlosen, zum Sterben langweiligen Sonetten" und berichtet in einem späteren Briefe, daß „das Professorchen älter, kälter und immer kränklicher" wird. „Doch weiß ich", fügt sie hinzu, „daß Schlüterchen vergnügt ist – vergnügt in seinem Gott, seinem Bewußtsein, ‚Welt und Glauben' geschrieben zu haben, und der Diktatur über ein neues Elf-Uhr-Kränzchen, das dem früheren bedeutend nachsteht und ihm somit ein um so angenehmeres Gefühl von Überlegenheit gibt. Das soll kein Spott sein: ich habe Schlüterchen von Herzen lieb, stelle seinen Charakter und seine Kenntnisse sehr hoch; so war es mir sehr leid, daß er sich in ein Feld wagte, wo keine Lorbeern für ihn wachsen konnten, und freut es mich jetzt sehr, daß die Umstände eine angenehme und natürliche Enttäuschung herbeiführen, denn seine jetzige Umgebung schwört nicht höher als bei den endlosen Sonetten." Und als im „Merkur" eine „ungemein parteiische" Rezension ihrer Gedichte erfolgt, deren sie sich schämt, rät sie gleich auf Schlüter als den Verfasser. Sie meinte, „nur Schlüterchen könne so blind sein".

Überall wird hier die harmlose Beschränktheit der *anima candida* deutlich ausgesprochen, und die ständige Verkleinerungsform „Schlüterchen", „Professorchen" läßt auch einen Rückschluß zu. Aber eigentlich hat der Freund nicht nur die Dichterin nicht begriffen, sondern doch auch den Menschen nicht. Er verstand es nicht, wie man glauben konnte und doch nicht fröhlich sein. Und er hat wenigstens soviel richtig herausgefühlt, daß Annette seinen eignen, kindlichfrommen Glauben nicht hatte, sondern daß sie den Glauben mehr mit dem Willen festhielt, als daß er in ihrem Gefühl wohnte. Er hat ihr auch noch in späteren Jahren gesagt, sie würde erst glücklich sein, wenn sie glaube, und hat nach ihrem Tode gestanden, daß „ihr Inneres zum Teil bis auf den heutigen Tag mir ein nicht ganz begreifliches Rätsel geblieben ist, weil die Religion sie nicht innerlich völlig zu befrein und fröhlich zu machen schien".

Das Taubengemüt konnte mit einem Worte alles das nicht verstehn, was nicht auch taubenhaft in Annette war. Es begriff die Feuerseele, die Adlermitgift nicht. Es hat nie einen frömmeren und braveren Christenmenschen gegeben wie diesen Schlüter, aber er war in sozialer und geistiger Beziehung ganz „besserer Mittelstand", Philister in Gedanken, Worten und Werken, und er hätte eigentlich zu allen andern Drostes besser gepaßt als zu der Dichterin, denn auch er war in erster Linie „Familienmitglied", und Annette spöttelte sehr humoristisch über die kindliche Freude der Schlüters „an einer gräßlichen Daguerreotypplatte, von der einen die ganze Familie wie ein Nest voll gemarterter Katzen anschaut".

Woher dann aber bei so viel Verschiedenheit die innige Freundschaft? Es ist ganz klar, daß sie nicht etwa auf literarischem Verbundensein ruhen konnte. Dem dichterischen Fluge Annettens konnte das Professorchen weder folgen noch gar ihn bestimmen. Nein, es war rein menschliche Hochschätzung, die zwei so verschiedne Menschen zusammen-, oder eigentlich: die das Fräulein zu dem blinden Professor führte. Ich gebrauchte schon vorhin die Worte Lehrer und Schülerin für das Verhältnis. Und Annette konnte und wollte von diesem Manne lernen, nicht so ästhetische und klassische Weisheit, als das, was ihr in ihrer Umgebung das wichtigste war: mit sich und der Welt in Frieden zu leben.

Sie fand bei Schlüter den Glauben, der ihr versagt war; sie fand bei ihm das fröhliche Sich-Schicken in trübe Fügungen. Es war ja rührend und bewundernswert zugleich, wie der Mann seine Blindheit ertrug. Vielleicht konnte er auch ihr den Weg weisen, vielleicht konnte seine Milde auch sie milder machen. Es trat dazu, daß sie, wenn nicht Verständnis, so doch Interesse für ihre Poesien bei ihm fand, daß er sie mit seinen reichen Kenntnissen belehren konnte, daß er ihrer Familie sympathisch war, daß sie auf ihn als den einzigen angewiesen war. In dieser Zeit ihres Lebens dünkte es sie das Erstrebenswerteste, ihm ähnlich zu werden, d. h. ebenso friedlich und fröhlich auf der

Stange zu sitzen wie er. Sie bewunderte an ihm alle Eigenschaften, die sie selbst nicht oder nicht in dem Maße besaß, schrieb ihm zärtliche Briefe, besuchte ihn, bat um seinen Besuch und nannte ihn ihren „einzigen Freund".

Aber es war selbstverständlich, daß dieser „einzige" Freund sofort entthront sein mußte, wenn ein andrer kam, der das Große in ihr verstand. Daß sie in dem Augenblicke, wo jemand ihre Adlernatur erlöste und sie sich aufschwang, auch mit lächelnder Überlegenheit auf die harmlose Beschränktheit des auch dann von ihr noch hochgeschätzten Mannes herabsehn mußte. Daß sie auch alles Kleinliche dieses im engen Kreise trabenden Geistes erkannte. Das geschah auch, und davon wird noch zu reden sein.

Für die Zeit aber, in der sie allein oder in Gemeinschaft mit ihrer Mutter in Rüschhaus lebte, ist der Name Christoph Bernhard Schlüter eng mit dem ihren verknüpft. Hinüber und herüber flogen die Briefe. Das Professorchen sandte ihr Werke von Adam Müller, Tieck, A. Mickiewicz, dem englischen Literarhistoriker Cunningham, alte römische Klassiker – und sie las und kritisierte dann. Es fällt auf, mit welcher Sicherheit und Schärfe sie urteilt. In jedem Briefe zeigt sich ihre stark kritische Veranlagung, und ordentlich mit Lust handhabt sie das psychologische Seziermesser.

Wenn sie nach Münster kam, besuchte sie natürlich auch zuerst die Familie Schlüter, meist ihr berühmtes „fuchsiges Buch" unterm Arm. Was für Geibel die schmale Mappe, das war für die Droste dieses „fuchsige Buch", ein fahl-brauner Quartband, in den sie ihre Dichtungen eintrug und aus dem sie vorlas. Dann klopfte sie noch an diese und jene Tür, stöberte bei Goldschmieden und Antiquaren nach Münzen, Uhren und sonstigen Raritäten und erzählte nach Tisch in ihrer interessanten, wenn auch sehr weitläufigen Art, was sie erlebt. „Zuweilen", berichtet Schlüter, „stand sie während der Erzählung auf und agierte zugleich, was sie vortrug. Einer ihrer Lieblingscharaktere war der Kaufmann Schmitz aus Köln, der mit all seinen Sprachfehlern und seinem Mischmasch von Kölnischem und Hochdeutschem aufgeführt ward." Ihr mimisches Talent, von dem ja schon das zehnjährige Kind ein Pröbchen abgelegt, soll sie auch einst darin gezeigt haben, daß sie einem eingebildeten jungen Manne in der Verkleidung eines alten Bauernweibes eine Lektion erteilte.

Nichts ist auch so bezeichnend für die Art der Freundschaft mit Schlüter, als daß sie mit ihm verabredete, daß sie beide sich täglich in der letzten Abendstunde im Gebet treffen wollten. „Wo können sich Freunde auch besser begrüßen, als vor Gott?" Es war überhaupt eine Eigenheit Annettens, derartige Verabredungen zu treffen. Besonders die Sonnenuntergänge liebte sie sehr, und auch daran knüpfte sich oft das Versprechen gemeinsamen Aneinanderdenkens. „Vergiß, bitte, die bewußten Stunden nicht", hatte sie einst ihrem Vater geschrieben. Und Wilhelm Grimm gibt einem Freunde den Auftrag: „Gehst Du nach Münster, so grüße mir alles schönstens und bestens, auch, da die Sonne eben untergehn will, meine Freundin Nette." Es ist oft hingewiesen worden auf die ähnliche Vereinbarung Goethes mit der „schönen Müllerin", mit Marianne von Willemer.

Dieses Stilleben, das Annette in Rüschhaus führt, wird nur durch die üblichen Krankheiten unterbrochen. Eine Luftveränderung erschien wünschenswert; die verheiratete

Schwester, so gut es ihr ging und so wohl sie sich fühlte, drängte in jedem Briefe, daß die Mutter und Nette ihr den versprochenen Besuch machten. So ward denn 1835 die Reise nach Eppishausen im Thurgau vorbereitet, eigentlich sehr zum Mißvergnügen der Dichterin. Die Zweiundzwanzigjährige, die noch nicht ahnen konnte, daß ihre Schwester sich einst nach der Schweiz verheiraten würde, hatte einst in dem schon früher zitierten Briefe an den alten Sprickmann nur zwei „entfernte Länder" genannt, die zu sehen sie *keine* Sehnsucht hätte: das eine war die Schweiz. Und gerade dorthin sollte sie. Je näher die Abreise rückt, um so mehr zittert sie vor dem Augenblick, „wo der Schlagbaum niederfällt zwischen mir und so manchem, was mir teuer ist".

Um dieses „Zittern" zu verstehn, muß man sich klar machen, daß Annette zum erstenmal eine Fahrt machen sollte, die sie durch 200 Stunden Entfernung von dem geliebten Westfalen schied. Selbst in den Zeiten des „Hinauswehs" hatte sie ein starkes Heimatsgefühl, und das wuchs mit den Jahren immer mehr, ja, es bildete sich sogar ein drolliger Münsterscher Lokalpatriotismus bei ihr aus, der sich kränkte, wenn er eine „Geringschätzung des Münsterischen Publikums" bei irgendwem zu entdecken glaubte, der das „Et gieft men een Mönster!" aussprach, der in hundert Kleinigkeiten zutage trat. Und wie oft redet dieses Heimatsgefühl, diese Liebe zu Westfalen aus Annettens Gedichten! Sie spricht zärtlich zu ihrem kleinen Lande.

„Ich liebe Dich, ich sag' es laut,
Mein Kleinod ist Dein Name traut!
[...]
Es wär' mir eine werte Saat,

Blieb' ich so treu der guten Tat,
Als ich mit allen tiefsten Trieben,
Mein kleines Land, Dir treu geblieben!"

So denkt *sie*, deren Tyrannin allmählich auch die Gewohnheit geworden, mehr mit Grauen, als mit Freude an diese geplante Reise, die sie ein ganzes Jahr lang der Heimat fernhalten würde. Ja, wenn sie Münster und die dortigen Freunde aufpacken und mitnehmen könnte!

Aber auch so mußte geschieden sein. Der „beste Herzens-Schlüter" bekommt einen Ring zum Abschied, und so geht es über Bonn dem Süden, der Schweiz, zu. Im September 1835 langte man in Eppishausen, auf dem Schlosse des Schwagers, an.

Joseph Freiherr von Laßberg, Jennys ältlicher, aber springlebendiger Gatte, war ein Original im besten Sinne des Wortes. Der „Meister Sepp von Eppishusen", wie er sich als Schriftsteller gelegentlich nannte, lebte und webte nur im Altdeutschen, brachte die herrlichste Bibliothek älterer Handschriften, darunter die Nibelungenhandschrift C, zusammen, richtete sein ganzes Haus bis auf die Spucknäpfe herunter im Stil des deutschen Mittelalters ein und hatte eine helle Freude, daß die berühmten Germanisten von ganz Deutschland zu ihm strömten, um die Schätze seiner Bibliothek zu sehen und – was er mit rührender Uneigennützigkeit gestattete – auszubeuten. Er war ganz ritterlicher Romantiker, ein wunderlicher Schwarmkopf mit manchen kindlich-naiven Zügen, im ganzen ein Original, in dem die harmlos liebenswürdigen Eigenschaften die kleinen menschlichen Schwächen überwogen. Der bis ins höchste Alter hinein äußerst bewegliche Süddeutsche und die mehr norddeutsch-schwere Annette lebten gut nebeneinander, ohne sich doch jemals nahezukommen.

Eppishausen selbst hat die Dichterin in einem Briefe an Schlüter prachtvoll geschildert: wie unter dem altertümlichen, nicht hohen Schloß am Berge das Dorf liege, dessen Kirchturmspitze „den Wein aus dem Keller stehlen" könnte, wenn sie nicht so christlich erzogen wäre. Wie an dieses eine Dorf ein zweites, drittes, viertes und so fort bis zu einem siebenten sich schließe, deren Häuser sie, Annette, mit der Lorgnette zählen könne, und „unsre gute, alte Burg drin wie das kleine Wien in seinen großen Vorstädten". Mitten durchs Tal die Chaussee, auf der es rappelt und klappert, darüber hinaus die lieblichsten, mit Laubholz bewachsenen Gebirge, und „auf jedem Gipfel ein Schlößchen, ein Dörfchen aus jeder Schlucht". Ihr Lieblingsaufenthalt aber ist das „Rebhäuschen", ein Gartenhäuschen an der höchsten Stelle des Waldes, mit wundervoller Aussicht auf das „kolossale Amphitheater" der Berge, ansteigend bis zu den Häuptern der Alpen mit ihrem ewigen Schnee.

Die größten Natureindrücke trug Annette jedoch bei einem Aufenthalt im benachbarten Schloß Berg davon, wo sie zum ersten und wohl einzigen Mal ein Alpenglühen sah, „dieses Brennen im dunklen Rosenrot". Es bewegte sie so stark, daß sie „den Kopf in die Sofapolster" steckte und vorläufig nichts anderes sehen noch hören mochte.

Bald aber zeigten sich Himmel und Erde von einer minder schönen Seite. Es war ein öder, schlimmer Winter. Sechs Monate lang lag Schnee; das Schlimmste ein „Nebel, aus dem man Brei hätte kochen können, der gar nicht fortging, und ich kann ohne Übertreibung sagen, daß ich das unmittelbar vor uns liegende Dorf mehrere Monate lang nur gehört, aber nicht gesehn habe... Mama sagte ein ums andre Mal: ‚Lappland'! –" Es kam dazu, daß das Befinden der Hausfrau, der Schwester Jenny, das Schlimmste befürchten ließ. Aber um so größer war die Freude, als am 5. März Zwillinge geboren wurden, zwei gesunde, lustige, rothaarige und blauaugige Mädchen", Hildegund und Hildegard. Und das Beste war, daß der glückliche Vater an Ludwig Uhland schreiben konnte: „Mutter und Kinder sind gottlob! so wohl, als wir nur immer wünschen können."

So war denn Annette glücklich wirklich zur Tante geworden. Aber so lieb sie die „beiden Füchslein" auch hatte, ihr Sinn stand mehr und mehr nach der Heimat, nach der braunen Heide und der guten Stadt Münster. Der Menschenschlag in der Schweiz gefiel ihr „im ganzen gar nicht". Die freien Schweizer, urteilt sie, seien die ärgsten Sklaven des Geldes, und reiche Bauern in den Dörfern stellten unbeschränktere Herren und schlimmere Tyrannen dar, „als je der Unterschied des Ranges dergleichen hervorgebracht hat".

Mehr und mehr hatte sich ihr auch inzwischen der Gedanke an eine Herausgabe ihrer Dichtungen aufgedrängt. Spät genug – sie stand im vierzigsten Jahr. Und es schien sich alles aufs beste schicken zu wollen. Durch Vermittlung des Bonner Professors Braun, der ein langjähriger Freund ihres Vetters Clemens gewesen, hatte der Verlag von Dumont-Schauberg in Köln von den Gedichten erfahren und bot sich zur Herausgabe an. Da auch einige kleinere Poeme neben den epischen Dichtungen in dem Bande enthalten sein sollten, schuf Annette in Eppishusen die „Säntis- und Weiherlieder", ein paar andre Kleinigkeiten und vor allem den prächtigen Zyklus „Des alten Pfarrers

Woche", der zum Freiesten, Kräftigsten, Reinsten und Klarsten gehört, was sie geschaffen und – vielleicht mit Ausnahme des schwächeren „Dienstags" – merkwürdig gleichmäßig durchgeführt ist.

Aber die Freude, einen Verleger zu haben, war verfrüht. Anstatt auf der Rückreise, wie sie gehofft, alles ins reine bringen zu können, muß sie in Bonn hören, daß Professor Braun sich mit Dumont-Schauberg völlig überworfen habe. Da nahm Annette ihr Manuskript wieder an sich und fuhr weiter. Krank und elend langte sie am Anfang des Jahres 1837 in Rüschhaus an.

Was nun? Das Fräulein behauptete zwar von sich selber, daß sie Ehrgeiz wenig und Trägheit viel habe, aber da sie sich nun mal mit dem Gedanken einer Veröffentlichung ihrer Poesien vertraut gemacht, hätt' sie sich doch nun selber gern gedruckt gesehn. An eine Münstersche Buchhandlung wollte sie das Bändchen nicht geben, einmal weil die hier „herauskommenden Sachen" nur ein kurzes und obskures Leben zu erwarten hätten, dann auch weil sie „für auswärts" sich bessere Erwartungen hinsichtlich der Aufnahme mache und ihrer lieben Mutter, „die im Grunde jedes öffentliche Auftreten scheut wie den Tod", gern „zuerst die möglichst angenehmsten Eindrücke gönnen" möchte. Solange sich kein auswärtiger Verleger fand, wollt' sie jedenfalls noch feilen und korrigieren, vor allem am „Sankt Bernhard" und am „Vermächtnis des Arztes". Starke Gesichtsschmerzen hinderten sie viel, aber sie wollte „jene beiden endlos gezupften und geplagten Gedichte endlich einmal zur Ruhe bringen", um an Neues gehn zu können. Unter diesen neuen Plänen oder vielmehr den zu vollendenden Arbeiten zählt sie auf: „Die Wiedertäufer, eine vaterländische Oper oder vielmehr Trauerspiel mit Musik", ferner das vielbesprochene Gedicht „Christian von Braunschweig", „was freilich fast allein nur in meinem Kopfe existiert".

Am Anfang dieses Buches ist gesagt worden, wie selten die Geschichte Westfalen betreten und daß es eigentlich nur die „Wiedertäufer", den „tollen Christian", den „Westfälischen Frieden" erlebt hat. Für eine poetische Behandlung kamen nur der Thomas Münzersche Kreis und der Halberstädter in Betracht. Zu den „Wiedertäufern" hatte das Fräulein bereits viel Musik komponiert; trotzdem ließ sie den Stoff fallen: die Katastrophe war ihr „zu gräßlich, auch zu gemein, und die sonst sehr verschiednen und interessanten Charaktere der Hauptpersonen verschwimmen zu sehr in der allgemeinen Raserei".

So blieb nur der „Christian" übrig, der ihr vielleicht noch näher trat durch einen Ausflug, den sie nach Egelborg und Ahaus machte, wo sie das alte Schlachtfeld, auf dem der tolle Herzog geschlagen ward, besichtigte. Sie hat auch reichlich historische Quellen studiert, da ihr die Wirklichkeit, wie wir auch bei einer späteren Dichtung sehn werden, immer wichtiger und lieber war, als die poetische Zutat und eigenes Phantasiegewächs. Am 7. Dezember 1837 konnte sie den fertigen ersten Gesang der Familie Schlüter vorlesen, ein paar Wochen darauf ist der ganze Christian fertig. Durch die historischen Studien und das reiche Material (auch aus noch zu erwähnenden anderen Gründen) verschiebt sich das Thema ein wenig, und das fertige Gedicht wird nicht nach dem Halberstädter genannt, sondern erhält den Titel „Die Schlacht im Loener Bruch".

Es nimmt unter den größeren Dichtungen Annettens eine erste Stelle ein. Es ist rascher und flüchtiger niedergeschrieben als das „Hospiz"; es ist ohne viel Korrigieren, weil die Zeit drängte oder zu drängen schien, hingegeben worden; es ist deshalb frischer, es hat mehr „Zug", als seine Vorgänger. Zwar sind Verse darin stehen geblieben, die den Leser fast komisch anmuten, als wären sie nach einer Genusregel gedichtet – ich erinnere an die Zeilen: „Der starke Arm, der feste Fuß / den Grenadier bezeichnen muß", oder an den Abschnittsbeginn: „Auf Wiesenfluren, nett und fein, / Zeigt sich der Flecken Ottenstein" – aber, von welcher wunderbaren Gewalt ist die Schlachtschilderung! Wie das Heer den Feind erwartet, wie die Marschmusik der Bayern im ungewissen Wind herüberweht, verklingt, deutlicher schon von neuem hörbar wird, wie sechs Stunden lang über den Grund „wie Hühnerschwärm' in Haufen Granat' und Wachtel pfeifend laufen", bis die Geschütze so glühend werden, daß Funken darüber fahren und mancher Kanonier die Hand verbrennt, wie endlich das Herberstorfsche Regiment, „die Säbel hoch im Sonnenblitze", unter Albrecht Tilly attackiert, und noch im Schlamm des Moores die Gegner „wie zwei Wasserschlangen, die sich in grimmer Lieb' umfangen", wütend ringen, bis der schwarze Schlund sich über ihnen schließt und nur der Kamm des Helmes aus den Binsen sieht – das ist mit grandioser Wucht gegeben.

Es ist der Schmerz mancher Leute, daß die Katholikin hier mit ihrem innersten Herzen fraglos auf Seiten des tollen Herzogs und seiner Leute steht, daß sie nichts weniger als für die katholische Sache Partei nimmt.

„Das Recht, es stand bei *jedem* Hauf,
Und schweres Unrecht auch vollauf,
Wie sie sich wild entgegenziehn,
Hier für den alten Glauben kühn
Und dort für Luther und Calvin."

Sie sagt von Tilly, seine blutige Hand hätte guter Sache Schmach gespendet, und neben dem Herzog, den sie auf alle Weise zu entschuldigen sucht, gehört ihre Liebe einem andern Gegner der Kaiserlichen, dem jungen Grafen Otto Schlick.

Man hat sich wohl gefragt, woher diese Sympathien für den tollen Christian stammen, und hat geantwortet, daß, wenn Annette einmal den Herzog zum Helden machte, sie auch versuchen mußte, ihn interessant erscheinen zu lassen und ein gewisses Mitempfinden für ihn zu wecken. So mußte sich Schiller, wenn er Maria Stuart zur Heldin wählte, überwiegend auf ihren Standpunkt stellen, und man hat ihm deshalb ebenso eine allzu weitgehende Toleranz für die Katholikin vorgeworfen, wie hier der Katholikin Annette eine zu weitgehende Toleranz für den Protestanten und die protestantische Sache. Es liegt gewiß ein Körnchen Wahrheit in dieser Ansicht, die aus künstlerischen Gründen die „Rettung" des Halberstädters erklären will. Aber eben nur ein Körnchen. Denn da der Herzog schließlich doch mehr zurückgedrängt ward, und aus dem geplanten „Christian von Braunschweig" eine „Schlacht im Loener Bruch" wurde, so hatte es Annette nicht mehr so nötig, sich auf Christians Standpunkt zu stellen. Ich glaube deshalb, daß sie auch ein gewisses persönliches Interesse an den Halberstädter band, daß sie gleichsam in ihm einen Bruder sah, der von gleicher Kraft durchflammt war wie sie selbst und diese Kraft nur ungezügelt verwildern ließ. Man findet überraschende Parallelen zu ihrem eignen Leben in dem von ihr geschilderten Entwicklungsgange des Herzogs. Ein edler Stamm, ein Mensch mit reichen und guten Keimen wird durch eine verkehrte Erziehung vernichtet. „Denn damals man wie heute tat / Und zog nicht die Natur zu Rat." Von der Zeder verlangte man Wein; die „allzufrommen Eltern" erkannten die Feuerseele in dem Knaben nicht: zum Priester, zum sanften Hirtenamt ward der junge Leu bestimmt. „So konnt' es wohl nicht anders sein, die edlen Säfte mußten gären, zum Mark die Träne siedend kehren." Aber der junge Prinz ist gehorsam, er richtet sich nach den Eltern, er nimmt die Inful. „Und keiner sah sein blitzend Aug' und sah, wie *krampfhaft* seine Hand des Hirtenamts Symbol umspannt'." Bald nachher schlossen sich des Vaters Augen in Frieden. Doch „näher dringt das Kriegsgeschrei", die Pfalzgräfin Elisabeth weckt den Leuen, er springt empor, „an seiner Kette grimmig rüttelnd. Sie bricht, und aus der langen Haft verdoppelt stürmt die wilde Kraft."

Ist es erst nötig, in vielen Worten darauf hinzuweisen, wieviel ähnliches in Annette war? In dieser Annette, deren Feuerseele auch von „allzufrommen Eltern" nicht erkannt war, die nicht ihrer Adlernatur folgen, sondern taubenhaft auf der Stange sitzen sollte, die ebenso „krampfhaft" das Kreuz umklammerte, deren edle Säfte ebenso gärten oder gegärt hatten, die nachts allein gleichfalls an ihrer Kette grimmig gerüttelt, deren Wesen ebenso aus „Frost und Brand" bestanden hatte, wie das Christians? Sagt sie doch selbst von sich: „Und Frost und Hitze muß sich reimen, daß keine Blume mir gedeiht." Und an anderer Stelle:

„Wer hat mein Wesen so gemischt, daß Will' gen Willen steht zu aller Stund' in meiner Brust wie Tauben gegen Schlangen?" Nur daß sie, das Weib, geduldet und sich selbst in bittren Kämpfen bezwungen hatte, während der Mann seiner Natur die Bahn frei gab. Aber die „wilde Muse" in ihr, die von „jedes wilden Geiers Schrei" geweckt ward, mochte die Verwandtschaft mit dem jungen Leuen fühlen und musste ihn lieben.

Ich sage nicht, daß sich Annette dieser Zusammenhänge bewußt war, aber sie stellen die psychologische Erklärung dar für die nicht verhehlte Hinneigung des katholischen Edelfräuleins zu dem Halberstädter.

Während sie noch an der „Schlacht im Loener Bruch" arbeitete, kam von Schlüter ein Brief in Versen an, der ihr verkündete, daß der münsterische Verleger Hüffer sich erboten habe, den Band ihrer Dichtungen zu drucken. Nun sollte es also doch eine „obskure" Provinzbuchhandlung sein! Adele Schopenhauer riet dringend ab, das Fräulein wußte nicht aus noch ein, schließlich gab Schlüter doch für Hüffer den Ausschlag, die Mutter erklärte ihr Einverständnis, und ein paar Monate darauf, als Hüffers Presse gerade einmal „vakant" war, begann der Druck.

Leider mußte Annette zu eben dieser Zeit Verwandtenbesuche machen. Doch auch so wird es für einen andern Dichter kaum verständlich sein, mit welcher Sorglosigkeit sie Schlüter Vollmacht erteilte – nicht nur etwa Korrekturen zu lesen, sondern auch zu ändern, Gedichte aufzunehmen oder fortzulassen usw. Er hat es herzlich gut gemeint, hat fleißig gearbeitet, aber er hätte es im ganzen wirklich nicht ungeschickter machen können, als er es gemacht hat. Prachtgedichte wie „Des Pfarrers Woche" waren fortgeblieben; Poeme, bei deren Erwähnung Annetten „die Haare zu Berge standen", wären fast gedruckt worden – man konnte nicht unglücklicher zusammenstellen, als Schlüter es getan.

Jedenfalls: das Buch war da. Es trug auf dem Titelblatt die Worte: „Gedichte von Annette Elisabeth v. D.... H...."

Und auf die *liebenswürdige* Verständnislosigkeit Schlüters, nach dessen Überzeugung „die acht geistlichen Lieder am Ende Ihrer gedruckten Gedichte so schwer als alle ihnen vorangehenden zusammen genommen" wogen, folgt die *anmaßende* Verständnislosigkeit sonstiger Bekannter. Das erste Urteil, das Annette hörte, lautete: es sei alles Plunder, unverständliches, konfuses Zeug. Sie hätte darüber gelacht, aber sie war gerade bei Verwandten, die nun mehr oder minder plötzlich derselben Meinung waren. Man kann nicht ohne Rührung Sätze lesen wie die folgenden: „S.... war in der ersten Zeit ganz wunderlich gegen mich, als ob sie sich meiner schämte. Mir war schlecht zumute; denn obgleich ich nichts auf der H. Urteil gab und auf Fs. noch weniger – so mußte ich doch zwischen diesen Leuten leben, die mich bald auf feine, bald auf plumpe Weise verhöhnten und aufziehn wollten."

Das Echo kam auch hier aus der Ferne. Es erschienen ein paar lobende Rezensionen; Männer wie Gutzkow, Jakob Grimm, Freiligrath, Schücking u. a. klatschten Beifall. Im ganzen blieb das Büchlein völlig unbeachtet. Es sind nach einer Mitteilung Hüffers genau – einundvierzig Exemplare verkauft worden. Und so wenig ehrgeizig Annette war, ihrer Verwandten, hauptsächlich ihrer Mutter wegen, hätte sie sich doch selber einen Erfolg gewünscht.

Um diese Zeit knüpften sich zwei Freundschaften, davon eine besonders für das Fräulein außerordentlich wichtig werden sollte. Es tritt ihr *der* Mann näher, der sie zuerst in ihrer ganzen poetischen Bedeutung erfassen, dessen belebendes Interesse ihr die Flügel lösen konnte, und gleichzeitig erwirbt sie eine Freundin, die ihr sehr ans Herz wuchs. Die Freundin war die junge Oberregierungsrätin Elise Rüdiger, geborne v. Hohenhausen, deren „Lieben so frischer Ranken Zier um meinen kranken Lebensbaum geschlagen". Wir verdanken dieser Elise v. Hohenhausen eine Menge liebenswürdiger Aufzeichnungen. Und Annette sagt in dem Gedichte an sie:

> „Zu alt zur Zwillingsschwester, möchte ich
> Mein Töchterchen dich nennen, meinen Sprossen,
> Mir ist, als ab mein fliehend Leben sich,
> Mein rinnend Blut in deine Brust ergossen."

Immer stärker tritt in der alternden Dichterin das mütterliche Gefühl hervor. Und wie Elise v. Hohenhausen ihr „Töchterchen", so ist Levin Schücking ihr „Junge". Es hebt da eine der seltsamsten und schönsten „Seelenfreundschaften" an, die man im Umkreis der Literatur kennt. Aber eh' wir uns ihr zuwenden, mag erst der wichtigsten Tat des guten Professors Schlüter gedacht sein, der durch sein ewiges Drängen erreichte, daß Annette eine Dichtung beschloß, die sie vor achtzehn Jahren unfertig liegen gelassen hatte. Bei seiner herzlichen Frömmigkeit war es natürlich, daß er die geistlichen Lieder allem anderen vorzog; sein *ceterum censeo* war, daß das Fräulein das „Geistliche Jahr" vollenden müsse. Ob es ohne sein stetes Treiben geschehen wäre, ist nicht ohne weiteres wahrscheinlich.

Denn der ganze Plan „lag" der Dichterin eigentlich gar nicht. Es ist schon früher bemerkt worden, daß ihr Schaffen in jedem guten, aber auch in einem sehr üblen Sinne „dilettantisch" war – in dem Sinne des Nichtvollendens. Sie verlor mit einem Male die Lust und ließ Angefangenes liegen. Deshalb war es immer notwendig, daß ihr jemand gleichsam die Sporen gab. Beim „Geistlichen Jahr" lag die Sache noch verzwickter. Nach dem Plane sollte auf jeden Sonn- und Feiertag des Kirchenjahres ein Gedicht kommen. Sechsundzwanzig Gedichte waren früher geschaffen worden – sechsundvierzig standen ihr noch bevor. Man wird zugeben, daß die Aufgabe recht unkünstlerisch ist. Man muß ferner berücksichtigen, daß Annette die gebundene Marschroute nicht liebte. „Was ich soll, das mag ich nie", gesteht sie in einem Briefe. Sie hat das Steinklopfen so lange mit Passion betrieben, wie es eigentlich keinem recht war; als die Ärzte es direkt verordneten, damit sie Bewegung hätte, mochte sie's nicht mehr und ließ sich treiben, wie der Esel zur Mühle. Sie begriff von hier aus sogar, „wie ein Mann seine Frau müde wird, da sogar meine Liebe zum Steinbruch den Zwang nicht hat überleben können". Und als sie nach Absolvierung einer großen Besuchstour bei Verwandten längst wieder im einsamen Rüschhaus sitzt und schon monatelang am „Geistlichen Jahr" geschrieben hatte, gesteht sie, sie „hätte schwerlich den Mut zum Anlaufe genommen, wenn ich die Höhe des Berges erkannt, der vor mir lag".

Aber sie war der „duseligen Einsicht" gewesen, das meiste bereits getan zu haben, als sie an die Weiterführung ging. Doch fehlte es nicht „an der nötigen Stimmung in so vielen einsamen Stunden", so daß die Arbeit brav vorwärtsrückte, und sie Ende August die Hoffnung aussprechen durfte, das „Geistliche Jahr" würde sich früher schließen als das Jahr neununddreißig. Allerdings ging es ihr genau wie dem frommen Novalis, der sich auch vorgenommen hatte, geistliche Lieder zu dichten. Wie herrliche ihm gelangen, ist bekannt; aber von Lied zu Lied ward die Gefahr der ewigen Wiederholung größer. Um die gleichen Klippen versuchte Annette vergeblich ihr Schifflein herumzusteuern. „Ich glaube", bekennt sie, „es wird mir immer schwerer werden, einige Mannigfaltigkeit hineinzubringen." Und besonders deshalb ward es ihr immer schwerer, weil sie sich nur ungern und selten entschließen konnte, einiges aus dem Texte selbst in Verse zu bringen. Er schien ihr „zu heilig dazu, und es kommt mir auch immer elend und schwülstig vor gegen die einfache Größe der Bibelsprache". So hob sie nur einzelne Stellen hervor, die sie am meisten frappierten und die ihr Stoff zu Betrachtungen gaben.

Im Dezember 1839 war das „Geistliche Jahr" wirklich vollendet.

Da drängt sich vor allem die Frage auf, wie die beiden durch einen Zeitraum von fast zwei Jahrzehnten getrennten Hälften zueinander stehen. Und es ist auffällig, daß sie sich so wenig unterscheiden. Sieht man genauer zu, so findet man wohl, daß die erste Hälfte formal reinere, aber auch oberflächlichere, glattere, die zweite Hälfte dunklere, ungelenkere, aber auch kühnere und tiefere Verse hat. Annette, ob sie auch wohl wußte, „daß eine schöne Form das Gemüt aufregt und empfänglich macht", ließ es sich nach eignen Worten gerade hier nicht kümmern, daß „manche der Lieder weniger wohlklingend sind, als die früheren;

dies ist eine Gelegenheit, wo ich der Form nicht den geringsten nützlichen Gedanken aufopfern darf". Am seltsamsten ist jedoch, daß die fast zwanzig Jahre später geschriebnen Gedichte fast gar keine religiöse Weiterentwicklung verraten, daß sie nur noch mit größerer Schärfe die früher ausgesprochnen Ideen und Empfindungen betonen. Man darf also fraglos die Lieder des „Geistlichen Jahres" als sichre Zeugnisse für Annettens religiöse Stellung betrachten.

Der schon im ersten Teil immer wiederkehrende Gedanke, daß ihr Herz zwar Liebe zollen, aber nicht kindlich-einfältig glauben könne, wird im zweiten Teile ewig variiert. Da gesteht sie in dem vielleicht schönsten Gedichte des ganzen Zyklus:

> „Ist es der Glaube nur, dem Du verheißt,
> Dann bin ich tot.
> [...]
> Ich hab' ihn nicht.
> Ach nimmst Du statt des Glaubens nicht die Liebe
> Und des Verlangens tränenschweren Zoll,
> So weiß ich nicht, wie mir noch Hoffnung bliebe."

Sie seufzt: „Zu glauben, ach wie süß und ach wie schwer!" Sie ruft „am sechsundzwanzigsten Sonntag nach Pfingsten": „O Glaube, Glaube, wem Du kalt und schwach, der schleppt den Grabstein an der Ferse nach; und dennoch heil ihm, schleppt er ihn mit Schmerzen!"

Und was hat ihr den Glauben genommen? Auch das sagt sie deutlich: „O bittre Schmach, *mein Wissen mußte meinen Glauben töten!*" Der Tyrann, heißt es in den Versen, die den fünfundzwanzigsten Sonntag nach Pfingsten begleiten, der ihr bestes und einziges Gut niederhielte, sei nicht Trägheit oder Lust der Welt – es sei der Fluch des Verstandes, der an ihrer Hoffnung nage. Sie flucht den eignen Gaben:

> „Und hast Du des Verstandes Fluch
> Zu meiner Prüfung mir gestellt:
> Er ist ein Trug.
> Doch hast Du selber ja, Du Herr der Welt,
> Hast selber den Verführer mir gesellt."

Dadurch ist „das Geben und das Streben mir zerrissen von Grübelns Dornen, wie der Einfalt bar". Und sie fleht stets von neuem:

> „Gib Dich gefangen, törichter Verstand,
> Steig' nieder
> Und zünde an des Glaubens reinem Brand
> Dein Döchtlein wieder."

Vergebens! Ihr Glaube bleibt schwach, sie wird der vollen Gnade nicht teilhaftig, und es kommen Zeiten, die ganz trostlos und voller Unglaube waren. Da hat sie vor völligem Verlorengehen nur der sich emporringende Entschluß geschützt, dem Glauben, ob er ihr auch tot war, doch Kränze zu flechten und ihres „Gottes Traum" zu lieben. Und daß sie das konnte, daß sie „nicht ganz der öden Stätte gleich" ward, das meinte sie der Heimat, ihrem kleinen Lande danken zu müssen:

> „Du hast zu früh gelegt ein frommes Band
> Um meine Seele in der Kindheit Stunde."

Auf die geistlichen Lieder der Zweiundvierzigjährigen passen noch genau dieselben Worte, die sie als Dreiundzwanzigjährige von der ersten Hälfte des „Geistlichen Jahres" gesagt: daß für alle sehr frommen Menschen diese poetischen Schöpfungen eines vielfach gepreßten und geteilten Gemütes völlig unbrauchbar und daß sie nur für jene unglücklichen, törichten Menschen seien, die in einer Stunde mehr fragten, als sieben Weise in sieben Jahren beantworten könnten. Mit anderen Worten eben: Lieder eines edlen, verängsteten Herzens, das nicht so glauben kann wie es möchte und wie seine Umgebung glaubt.

Von hier aus läßt sich am besten in dem törichten Streite um die „Katholikin" Annette Stellung nehmen. Der Jesuit Kreiten muß mit halbem Bedauern zugeben, daß die Dichterin auch mit Andersgläubigen äußerst freundschaftlich verkehrte und sehr tolerant war, daß sie bei der eignen ängstlichen Unsicherheit alles Disputieren mit Andersdenkenden vermied, um nicht in Verwirrung zu geraten. Aber er wehrt sich gegen die Ansicht, die in Annette eine sogenannte „liberale" Katholikin sieht.

Es fragt sich nur, was man darunter verstehen will. Es kommt darauf an, ob man des Fräuleins Willen und Streben in den Vordergrund rückt oder ihren Glauben.

Wenn der Wille genügt – dann war Annette die beste Christin und der katholischen Kirche treueste Tochter. Daran ist kein Zweifel möglich. Sie hat das Bekenntnis, in dem sie erzogen war, immer hochgehalten; sie hat nichts eifriger erstrebt, als den Ihren gleich zu werden in einfältiger Frömmigkeit.

Soll aber das harte Bibelwort gelten, daß, wer da nicht glaubt, verdammt wird – dann steht die Sache wesentlich anders. Denn wir sehen zur Genüge, wie schwach Annette im Glauben war.

Ihr „Geistliches Jahr" trägt übrigens fast gar nicht konfessionellen Charakter. Wie jede eigentliche „Dichtung" erhebt es sich *über* die Parteien. Es ist ein Buch für *alle* Christen: der Protestant wird schwerlich etwas finden, das seinen Glaubensformen widerspricht. Deshalb ist es töricht, Annette gewaltsam zu einer konfessionellen Dichterin stempeln zu wollen. Sie war eine *christliche* Dichterin. Alle Nöte ihres Herzens trägt sie vor Jesum. Er ist nach dem „Geistlichen Jahr" für sie der einzige Mittler zwischen ihr und dem Vater; die Marien- und Heiligenverehrung ist ganz ausgeschaltet. Es ist fast nichts spezifisch Katholisches in diesen Liedern – nur das spezifisch Christliche, das allen Christen gemeinsam ist.

Dieses Wesentliche der Religion war ihr wie doch jedem wahrhaften Christen die Hauptsache. Aber es blühte hervor aus ihrem katholischen Bekenntnis und hatte darin einen festen Stützpunkt, so daß es niemals zu vager Abstraktion wurde. Und auch diese Form und Hülle hielt Annette jederzeit heilig, sie schien ihr notwendig und bei weitem die beste und „der Moralität zuträglichere". Doch ließ sie nicht diese heiliggehaltene Form zu einem Walle werden, der sie etwa von dem protestantischen Teile unsres Volkes abschließen könnte. Sie wollte ihr Bekenntnis geachtet wissen, achtete aber auch jedes andre und hat weder jemals ihre Konfession schroff in den Versen herausgekehrt noch gar im Leben oder Dichten je auch nur mit einem Worte versucht Proselyten zu machen. Mit der gleichen Andacht können sich Katholiken und Protestanten in ihre geistlichen Lieder versenken – in diese christlichen Lieder einer einsamen Seele, die sich von der allgemeinen Schar ausgeschlossen fühlte.

Es war ihr auch, wie Schücking erzählt, die Art durchaus nicht behaglich, „wie im Jahre 1837 die katholischen Stimmführer die ersten Schritte zu einer Verwandlung der Kirche Deutschlands in eine politische Partei machten". Darauf mag sich das Lied „Am ersten Sonntag im Advent" beziehen, wo sie Jesum anredet:

> „Du bist so mild,
> So reich an Duldung, liebster Hort,
> Und mußt so wilde Streiter haben;
> [...]
> Mit Spott und Hohn
> Gewaffnet hat Parteienwut,
> Was Deinen sanften Namen träget"

Der künstlerische Wert der Lieder des „Geistlichen" Jahres ist sehr verschieden, im ganzen nicht sonderlich hoch. Aus ermüdenden Variationen heben sich ein paar Prachtstücke, voran etwa die Gedichte „Am dritten Sonntag nach Ostern", „Am letzten Tag des Jahres" und einige andere, doch gibt es der eintönigen, gequälten Strecken genug. Es sollte auch nicht eigentlich ein Werk der Kunst sein, was Annette da geschaffen; sie selbst bestimmte, daß es nur zu einer Zeit erscheinen dürfe, „wo mein ganzes irdisches Streben mir wohl töricht erscheinen wird, und dieses Buch dann vielleicht das einzige ist, dessen ich mich dann freue". Es ist auch wirklich erst nach ihrem Tode veröffentlicht worden. Daß sie mit ihren Worten keine literarische Wertung aussprechen wollte, ist selbstverständlich. Auch ohne das „Geistliche Jahr" würde sie als Dichterin ihren Rang und Platz behaupten, und Kreitens Urteil, daß sie damit das „Eigentümlichste, Großartigste und Persönlichste" geschaffen, ist nur vom Standpunkte des Jesuitenpaters aus verständlich.

Die „zarte, ätherische" Annette war um die Vierzig herum ziemlich stark geworden. Etwas bequem war sie immer gewesen. Es tat not, daß ihr einer die „Sporen" gab, daß ein Zug der Freiheit in ihr Leben schlug. Und es war für sie und weiter für die deutsche Dichtung ein großes Glück, daß ihr in Levin Schücking ein frischer Gesell zur Seite trat, der sie aus ihrer Trägheit riß.

Durch ihren ersten literarischen Beirat, den alten Sprickmann, hatte die sechzehnjährige Annette die „berühmte Katharina Busch" kennen gelernt, die bald darauf Frau Katharina Schücking wurde und für die einzige Dichterin galt, die Westfalen damals besaß. Zu diesem „herrlichen und seltenen Weibe" fühlte das Fräulein eine tiefe Zuneigung; das scheue, heiße Herz trug der jungen Frau seine ganze Begeisterung entgegen. Im Nachruf an Katharina Schücking heißt es:

> „Du hast es nie geahnet, nie gewußt,
> Wie groß mein Lieben ist zu Dir gewesen,
> Nie hat Dein klares Aug' in meiner Brust
> Die halbverhüllte Runenschrift gelesen.
> Wenn Du mir freundlich reichtest Deine Hand
> Und wir zusammen durch die Gründe wallten,
> Nicht wußtest Du, daß wie ein Götterpfand
> Ich, wie ein köstlich Kleinod sie gehalten.
> Du sahst mich nicht, als ich, ein heftig Kind,
> Vom ersten Kuß der jungen Muse trunken,
> Im Garten kniete, wo die Quelle rinnt,
> Und weinend in die Gräser bin gesunken;
> Als zitternd ich gedreht der Türe Schloß,
> Da ich zum erstenmal Dich sollte schauen,
> Westfalens Dichterin, und wie da floß
> Durch mein bewegtes Herz ein selig Grauen."

Das Rüschhaus bei Münster i. W.

Sie fühlt sich weiter in diesem Gedicht als die „Schülerin", die sich scheut, in das dunkle Auge der „Meisterin" zu sehen; sie hat tief im Herzen erkannt: „Wie zehnfach größer Du als Deine Lieder"; sie, die Schwache und Kleine, hat aus dem Blick der Starken Genesung getrunken.

Der persönliche Verkehr zwischen den beiden Dichterinnen dauerte nicht lange; Katharina Schücking verließ mit ihrem Gatten Münster. Aber als sie viele Jahre später ihren ältesten, den sechzehnjährigen Levin, auf das Münstersche Gymnasium schickte, erinnerte sie sich der Freundin, die so sehr an ihr gehangen hatte, und gab dem Sohne einen Brief für sie mit. Das war 1830 oder 1831.

Der Gymnasiast war mit seinem Mentor, dem Herrn Vikarius Specht, und dem Empfehlungsbriefe an einem schönen Frühlingstage auch nach Rüschhaus hinausgewandert, „mit einer gehaltenen Freundlichkeit" hatte Annette das Schreiben entgegengenommen, hatte „ihre großen redenden Blicke eine stumme Pause hindurch forschend" auf dem etwas blöde vor ihr stehenden Schüler ruhen lassen, und da sie die Verpflichtung fühlen mochte, etwas für die Unterhaltung des jungen Menschen zu tun, zeigte sie ihm eine höchst kunstreiche Arbeit, die sie kürzlich vollendet hatte. „Es war", erzählt Schücking, „eine aus weißem Papier ausgeschnittene Landschaft mit Felsen, Palmenbäumchen, Tierchen und Menschlein, in einem Rahmen zusammengesetzt, ein merkwürdiges Werk, das mir weit mehr wegen der daran verwendeten Geduld und der außerordentlichen Geschicklichkeit, als wegen der Schönheit der dadurch erreichten Wirkung bewunderungswürdig schien. Dann zeigte sie ihre in Glasschränken aufbewahrte Naturaliensammlung; die Fülle prächtiger

Muscheln, Seesterne, Korallen; glänzende und große Bergkristalle, Erze, Metallstufen; auch hübsche Anticaglien, Münzen, Gemmen; endlich einige Kunstsachen usw." Natürlich fragte Annette auch viel nach Levins Mutter und war überhaupt sehr freundlich, wenn auch ein wenig von „der gemessenen Zurückhaltung, welche ihr stets die Gegenwart der Ihrigen auferlegte".

Ob es dem Gymnasiasten, dem lustige Gesellschaft lieber war, gerade sehr im stillen Rüschhaus gefallen hat, ist eine zweite Frage. Da starb – am 2. November 1831 – seine Mutter Katharina. Annette, tief erschüttert durch die Nachricht, rief den Jungen zu sich. Sie hatte den Brief, in dem die Freundin ihr ihren Ältesten ans Herz legte, noch nicht beantwortet; nun war aus der Empfehlung ein heiliges Vermächtnis geworden. Tränen standen ihr in den Augen, als sie dem Sohne die Hand reichte. Ihr war, als hätte sie nun die Verpflichtung, über ihm, eine zweite Mutter, zu wachen und sich um sein Wohl und Wehe zu bekümmern.

Die ersten Jahre hatte sie dazu keine Gelegenheit, denn Schücking verließ Münster bald, studierte seit 1833 an verschiedenen Universitäten, widmete sich dann der Schriftstellerei und kam erst 1837 nach Münster zurück, wo er sich durch Unterricht im Englischen und kritische Mitarbeit an größeren Zeitschriften ziemlich mühsam sein Brot verdiente. Er trat nicht gleich mit Annette in Verbindung. Er suchte sie weder aus noch ließ sie ihn kommen, sei es, daß sie von seiner Anwesenheit nichts wußte, sei es, daß ein andrer Grund sie bestimmte. Schückings Vater nämlich hatte das für Münster fluchwürdige Verbrechen begangen, eine ironische Broschüre über den eben entbrannten Kirchenstreit, über den ersten Zusammenstoß von „Krone und Tiara" zu schreiben. Damit war er für die ultrakatholischen Kreise gerichtet, und daher stammte vielleicht auch das ewige Mißtrauen, das Frau von Droste dem Sohne entgegenbrachte.

Es hatte sich nun in Münster unter dem Vorsitze einer mit 75 Jahren noch dichtenden, malenden und komponierenden Frau von Aachen ein literarischer Zirkel gebildet, dem auch die Oberregierungsrätin Rüdiger und eine Reihe andrer Bekannten Annettens angehörten. In diesem Klub traf das Fräulein etwa Ende 1838 mit Levin Schücking zusammen. Er gefiel ihr zuerst nicht sonderlich. Zwar erkennt sie sofort, daß er das feinste Urteil von allen hatte, sie nennt ihn auch „sehr geistreich und überaus gefällig", aber findet ihn „doch so eitel, aufgeblasen und tapsig, daß es mir schwer wird, billig gegen ihn zu sein".

Bald jedoch treten sich die beiden Menschen näher und näher. Vieles wirkte dazu mit: er war der Sohn ihrer Freundin, ihr auf die Seele gebunden. So versuchte sie durch die wenigen verwandtschaftlichen Verbindungen, die sie hatte, ihm seinen Weg zu ebnen. Sie schrieb lange Briefe, um ihm eine Stellung zu verschaffen, setzte seine Kenntnisse und Eigenschaften ins beste Licht, nahm an seinen literarischen Arbeiten, ob sie ihm auch nur kritisches Talent zutraute, regen Anteil. Es war gewiß nur erst Pflichtgefühl, was sie trieb.

Ihre Bemühungen um eine Stellung waren, übrigens zu Schückings Freude, erfolglos, aber sie banden doch die beiden schon fester. Dann wird Annette ihn noch näher kennen gelernt haben, und langsam verwandelte sich das Verhältnis. Derjenige, dem sie hatte geben wollen, begann ihr zu geben. Sie hatte sein feines Urteil von Anfang an gerühmt. Es ward fruchtbar für sie. Zum erstenmal trat jemand an ihre Seite, der für ihr Schaffen Verständnis hatte, ein ganz andres Verständnis als das gute Schlüterchen, ein Mann, der seine ganze Sach' auf die Schriftstellerei gestellt hatte, der mit der großen, allgemeinen Literaturentwicklung in Verbindung stand und mit ihr Schritt hielt, gegen den der gute Schlüter in literarischer Beziehung doch so „obskur" war, wie der Hüffersche Verlag, den er ihr verschafft, obskur war gegen den Cottaschen, den ihr eben Schücking später verschaffen sollte. Wer einsam und in seinem Besten unverstanden, ob auch noch so geliebt und geachtet, dahingelebt hat, der jauchzt auf, wenn er einen findet, der ihn ganz versteht. Es gibt kaum ein reineres Glück. Ein Erlösungsjauchzen muß auch durch das Herz Annettens gegangen sein, ob die jahrzehntelang Gefangene auch vielleicht schon etwas stumpf geworden war. Man erzählt, daß die Freundschaft den innigen Charakter erst erlangt habe von dem Tage, da Annette gleichsam in Vertretung der verstorbenen Mutter in Levin Schückings Leben gegriffen. Es hätte zwischen ihm und einer „anmutigen jungen Frau" (Annettens Freundin Elisa Rüdiger) eine Liebesneigung bestanden. „Nach ihrer ganzen Lebensanschauung, ihrer hohen Auffassung der Ehe" mußte das Fräulein „diese Neigung als eine schwere sittliche Gefahr betrachten. Ihrem Einfluß gelang es denn auch, die beiden jungen Menschen allmählich in die Bahn einer gehaltenen, reinen Freundschaftsempfindung hinüberzuführen. Dabei hatte sie zum ersten Male den mütterlichen Ton angeschlagen, der fortan in ihrem Verkehr weiterklang..."

So berichtet Levin Schückings Tochter. Daraus mag sich erklären, daß der mütterliche Ton auch auf die junge Freundin Elisa ausgedehnt ward. Aber man soll, was hier erzählt wird, auch nicht überschätzen. Denn die Einmischung von seiten der scheuen Annette in das Liebesverhältnis setzt an sich schon einen sehr nahen Freundschaftsbund voraus.

Während sich die Dichterin vergeblich die Finger wund schrieb, um für den Freund etwas Sichres ausfindig zu machen, erhielt Schücking von andrer Seite Hilfe und Beschäftigung. Im Sommer 1839 trat „ein merkwürdig offen und gutmütig aussehender, wohlgenährter, junger Mann" bei ihm ein: es war Ferdinand Freiligrath, der durch seine Wüstenritte und virtuosen Menageriepoesien eine berühmte literarische Größe geworden war.

Man hatte auch damals wie heut wieder das Stichwort „Heimatskunst" ausgegeben; durch die nationalen Romantiker, durch die Grimms, Arnim, Brentano, Uhland usw. war man auf das Volkslied, auf das Volksmärchen aufmerksam geworden; und je deutlicher die internationale, demagogische Tendenz der modernen Literatur, der jungdeutschen Schule hervortrat, um so stärker wandten sich die mehr konservativ gerichteten Schriftsteller der Heimat, ihren Sagen und Sitten, ihren charakteristischen alten Bräuchen und Überlieferungen zu. Es war, als ob in der Vorahnung großer Umwälzungen noch alles rasch aufgezeichnet werden sollte, ehe das heranziehende Gewitter sich entlud, ehe der Sturm, der 1848 losbrach, vieles Eigentümliche vernichtete, ehe der erleichterte und bald durch die Eisenbahn jede Entfernung aufhebende Verkehr seine abschleifende und gleichmachende Wirkung begann.

So ward Provinz für Provinz, Ländchen für Ländchen von Einheimischen bereist, durchforscht, beschrieben; es war die Zeit der „malerischen und romantischen" Heimatswerke. Was Wunder, daß da ein unternehmender Buchhändler auch ein „malerisches und romantisches Westfalen" plante, Ferdinand Freiligraths frische Berühmtheit dafür gewann und den Dichter mit dem Düsseldorfer Maler Schlickum zusammen ausschickte zur schriftstellerischen und zeichnerischen Aufnahme des Landes der roten Erde. So kam Freiligrath, damals noch nicht dreißigjährig, nach Münster, und der literarische Klub geriet in große Aufregung und Erwartung.

Man muß hier Annette selber hören. Was sie darüber erzählt, ist sehr charakteristisch für sie. Anfang Juli 1839 schreibt sie also an ihre Schwester: „Freiligrath war denn in Münster und erhielt durch Schücking eine Einladung in unser Kränzchen. Ich war den Tag dunsch (wohl so viel wie ‚benommen') und wollte nicht kommen; Freiligrath ließ auch absagen und machte statt dessen sich einen lustigen Abend mit einigen jungen Leuten. Am andern Tage kam Schücking ganz affairiert und geheimnisvoll zu mir, mir tausend Grüße von Freiligrath zu bringen; ‚er lasse mir sagen, meine Gedichte seien wunderschön, und er hätte viel darum gegeben, mich kennen zu lernen; nun ich aber absagen lassen, möge der Henker das ganze Kränzchen holen'."

Jede andere unbekannte Dichterin, der ein berühmter Poet dergleichen bestellen läßt, hätte sich dadurch riesig geschmeichelt gefühlt. Es wäre doch wohl auch das Natürliche gewesen. Annette jedoch fährt fort:

„Ich freue mich, ihn nicht gesehen zu haben; er muß ein kompletter Esel sein. So ein Ladenschwengel braucht wahrhaftig nicht zu tun, als ob unser Kränzchen ihm die Schweine hüten müßte. Sein schneller und gigantischer Ruhm hat ihn ganz rapplicht gemacht... hier in Norddeutschland sind die Leute ganz wie betrunken von seinen Gedichten; schön sind sie auch, aber wüst."

Man sieht: die *Dichterin* urteilt hier ganz frei; die *adlige Dame* sehr unfrei und ungerecht. Denn schließlich ist es doch einem echten Poeten nicht zu verdenken, daß er mit 29 Jahren lieber einen vergnügten Kneipabend mitmacht, als sich in einen ästhetischen Tee zu dilettierenden Frauenzimmern steckt, dem die einzige wirkliche Dichterin fernbleibt. Man versteht hiernach und nach mancher andern Stelle den Satz, den Schücking später einst seiner Braut über Annette schrieb: daß sie nämlich „alle drei Hochmüte" hätte: „den aristokratischen, den Damen- und den Dichterhochmut". Und hier war die Aristokratin, die Dame und vor allem auch die empfindliche Münsteranerin von dem „Ladenschwengel" verletzt und ließ sich zu so heftigen Worten hinreißen. Übrigens war mit solch einem Temperamentsausbruch jede derartige Sache erledigt; ein Nachtragen gab es nicht. Annette nahm später noch „äußerst lebhaften Anteil an den Schicksalen" Freiligraths; es lag ihr doch sehr an seinem Urteil, und sie hat nicht nur an eine Korrespondenz, sondern auch an eine Zusammenkunft mit ihm gedacht. aber wie schon gesagt: Die Mutter erklärte sich entschieden gegen jeden schriftlichen oder persönlichen Verkehr.

Dieses kleine Erlebnis mit Freiligrath, so sehr es für die Dichterin bezeichnend ist, wäre doch nicht wichtig genug, so weitläufig vorgetragen zu werden, wenn es nicht in loser Verbindung stände mit einem neuen Werkchen Annettens.

Seit nämlich ihre Gedichte erschienen waren, ohne Erfolg zu haben, glaubte sich die ganze Verwandtschaft berechtigt, gute Ratschläge zu erteilen, wie sie es machen müsse. Alles zupfte an ihr herum. Und Adele Schopenhauer schrieb die feinen Worte an die hin- und hergezerrte Freundin: „Es gehört eine unendlich reine Natur, eine herrliche Konstitution der Seele und des Körpers dazu, um ein Dichter zu *bleiben* nach dem ersten Auftreten. Sie sind gar nicht in der Welt, erst eben in Ihrer Provinz, fast sagte ich, in Ihrer Familie, aufgetreten, und wie reißt alles an dem kaum gebornen, wie ein Schmetterling noch mit seuchtem unversuchtem Flügel sich still entfaltenden Talent! Da bleibe einer Dichter! Da bleibe einer sich treu, eigentümlich, rein, unangetastet von aller fremden Annäherung! Kaum möglich. O das erste Gedicht eines wirklich geborenen Dichters! es ist damit wie mit der Frauenliebe; Jean Paul sagt, nur einmal liebten wir des Geliebten, nachher immer der Liebe wegen. Ich wollte, es holte euch alle der Kuckuck, ehe ihr das zweite Opus in die Welt schickt."

Annettens Plagegeister predigten ihr Tag für Tag vor, daß sie weniger für den Vers, als für die Prosa und besonders für das Komische begabt sei. Die Ansicht war verständlich, denn das Fräulein hatte einen scharfen Blick für das charakteristische und für menschliche Schwächen; man wird sich erinnern, daß sie leicht durch kecke Antworten und Urteile übers Ziel schoß. Sie hatte mehr Satire, als Humor. Aber als sie mit der Zeit milder ward, in ihrem Wesen gleichmäßiger, stellte sich doch auch zeitweilig ein erquicklicher Humor ein. Es ward schon erzählt, wie sie den Kaufmann Schmitz agierte. Und endlich ließ sie sich breitschlagen: sie wollte wirklich einen Versuch im Komischen machen, weil sie „des seit zwanzig Jahren bis zum Ekel wiederholten Redens über Mißkennung des eignen Talentes müde" war. „Mißlingt der Versuch, so haben meine Plagegeister ja den Beweis in Händen, daß der Irrtum auf ihrer Seite war."

Sehr verheißungsvoll klingt das nicht. „Was ich soll, das mag ich nie", hatte sie ja schon früher gesagt. Sie gesteht auch jetzt, daß sie sich vor jener gleichsam bestellten Arbeit scheue wie das Kind vor der Rute. Im Grunde widersteht sie ihr. Die humoristische Ader „ist meiner gewöhnlichen und natürlichen Stimmung nicht angemessen, sondern wird nur hervorgerufen durch den lustigen Halbrausch, der uns in geistreicher und lebhafter Gesellschaft überfällt, wenn die ganze Atmosphäre von Witzfunken sprüht, und alles sich in Erzählung ähnlicher Stückchen überbietet. Bin ich allein, so fühle ich, wie dieses meiner eigentlichen Natur fremd ist…"

Durch Freiligrath-Schücking kam sie zu dem „komischen" Stoff. Freiligrath war nämlich der übernommenen Herausgabe des „malerischen und romantischen Westfalens" bald müde geworden. Und als Schücking ihn in Unkel, wo er seit dem Sommer 1839 wohnte, besuchte, erklärte er dem Freunde, es sei besser, wenn er, Schücking, die Arbeit besorge. Der Verleger, der schon viel Geld in das Unternehmen gesteckt, war verzweifelt, drängte fortwährend und kam selbst nach Unkel, um sein Manuskript zu holen. Er wurde mit Hallo empfangen, tüchtig eingeseift und ohne Manuskript, aber mit einem gehörigen Rausch zurückspediert.

Aus den eignen münsterischen Erfahrungen mit Freiligrath und diesem ihr von Schücking erzählten Streich schuf Annette ihr „komisches" Werk, das „Lustspiel": *„Perdu oder Dichter, Verleger und Blaustrümpfe."*

Es ist ihr weitaus schwächstes Werk, ja, es ist ihrer ganz unwürdig, und es ist bedauerlich, daß sie es selbst nicht gleich in den Ofen gesteckt hat. Daß sie die Technik des Dramas nicht beherrscht, daß sie nur dialogisierte Szenen gibt, will wenig besagen. Aber was man von ihr am wenigsten erwartet hätte: daß sie so billige Ware feilhält. Es ist ein so dünner literarischer Humor in diesem „Perdu", daß er einem beinah leid tut wie ein armes Würmchen, das nicht leben und nicht sterben kann. In leichter Verkleidung treten Personen des Kränzchens, des Klubs auf; Freiligrath figuriert als „Sonderrat", Levin Schücking als der Kritiker Seybold, Annette selbst hat der Frau von Thielen einige Züge ihres Bildes geliehn. Freude erlebte sie an dem Lustspiel auch nicht. „Es ist", wie sie an August von Haxthausen 1841 schreibt, „von meinem Kreise förmlich gesteinigt und für ein vollständiges Pasquill auf sie alle erklärt worden." Sie ließ es auch nicht drucken, und das verunglückte Debüt scheint sie nicht nur für alle Zeit von ihren Plagegeistern befreit, sondern auch ihr selbst zur Lehre gedient zu haben. Zur dramatischen Form, die sie hier zum zweitenmal vergeblich umworben, kehrte sie nie wieder zurück. Wir haben das nicht zu bedauern.

Immer inniger war inzwischen der Verkehr mit Schücking geworden und hatte den mit Schlüter zu verdrängen begonnen. Jede Woche wanderte der junge Schriftsteller, Dienstags, nach Tisch, zu Annetten hinaus. Wenn er, den Rock auf dem Stocke, angetrabt kam, sah er das Fräulein meist schon am Rande des Gehölzes auf ihn warten. Ohne Hut, die blonden Locken vom Winde umspielt, saß sie auf der Holzbank unter den Eichen, das Fernrohr am Auge, um den Kommenden möglichst früh zu entdecken. Sie hat die Bank, auf der sie gewartet, auch besungen:

„Im Parke weiß ich eine Bank,
Die schattenreichste nicht von allen
Nur Erlen lassen, dünn und schlank,
Darüber karge Streifen wallen;
Da sitz' ich manchen Sommertag
Und lass' mich rösten von der Sonnen,
Rings keiner Quelle Plätschern wach,
Doch mir im Herzen springt der Bronnen.

Dies ist der Fleck, wo man den Weg
Nach allen Seiten kann bestreichen.
Das staub'ge Gleis, den grünen Steg
Und dort die Lichtung in den Eichen:
Ach manche, manche liebe Spur
Ist unterm Rade aufgeflogen!
Was mich erfreut, bekümmert, nur
Von drüben kam es hergezogen.
[…]
So sitz' ich Stunden wie gebannt,
Im gestern halb und halb im heute,
Mein gutes Fernrohr in der Hand
Und lass' es streifen durch die Weite.
Am Damme steht ein wilder Strauch,
O, schmählich hat mich der betrogen!
Rührt ihn der Wind, so mein' ich auch,
Was Liebes komme hergezogen!"

So mag Annette auch auf Schücking förmlich gelauert, mag die ganze Woche in ihrer Einsamkeit von solchem

Dienstagsbesuch gezehrt haben. Immer hatte sie etwas für ihn bereit stehen: etwas zusammengespartes Obst, einen Teller dicke Milch – und dann streiften sie plaudernd durch die buschreiche Umgebung. In dem ihrem Bruder gehörigen Hause Schenking requirierte sie wohl auch von der Pächterin ein frisches Gänseei und verarbeitete es „mit einem verwegen starken Zusatz von Zucker zu einem vortrefflichen Creme", der „im Schatten irgend einer alten Wallhecke oder Eichengruppe" verspeist wurde.

Scherzhaft sprach Annette oft von Levin Schücking als von dem „Schulten von Rüschhaus", und noch lange später, als sie die Einsamkeit schon verlassen, redet sie ihn zärtlich an als ihren „Schulten", oder nennt ihn „lieber Junge – liebes Herz – kleines Pferdchen mit den langen Ohren – Schimmelchen – liebes Kind – alter Philister – Schlingel" –: wie eine Mutter, Freundin und Geliebte spricht sie zu ihm. Es ist oft gesagt worden, daß sich mit *einem* Worte das Verhältnis gar nicht kennzeichnen lasse. Aber darüber wird später noch zu reden sein.

Den ersten handgreiflichen Nutzen von dieser seltsamen Seelenfreundschaft zog Levin Schücking. Er hatte, da Freiligrath kein Talent zur Prosa in sich fühlte, es an seiner Stelle übernommen, das „malerische und romantische Westfalen" herauszugeben. Aber es blieb nicht mehr Zeit genug, das Land in den ihm unbekannten Partien zu durchstreifen. Was tun? Er wandte sich um Hilfe an sein „Mütterchen". Und Annette half. Sie half ja jedem gern – wie viel mehr ihrem Jungen! Sie kannte von den vielen Besuchstouren die Paderborner Gegend und andres, was der Freund gerade nicht gesehn hatte, sehr genau, und mit großem Fleiß ging sie an die Arbeit. Mit ihrer „kleinen, oft mikroskopisch feinen Hand(schrift) füllte sie ganze Blättlein, die in der Abschrift ganze Bogen wurden. „Dann gab sie den Sagen- und historischen Stoffen, welche sich dazu zu eignen schienen, mit ihrer unvergleichlichen Leichtigkeit der Produktion die poetische Form, in welcher diese Bearbeitungen später in ihren Gedichten erschienen sind." Hermann Hüffer berichtet, daß sich in ihrem Nachlaß noch ein großer, ganz mit ihrer kleinen Schrift bedeckter Foliobogen gefunden habe, der, außer westfälischen Gedichten, eine beträchtliche Zahl von Ortsbeschreibungen enthält, alle in das letzte Drittel des malerischen und romantischen Westfalen gehörend, das vornehmlich der Beschreibung des Sauerlandes gewidmet ist.

Auch sonst hat Annette an Levin Schückings Arbeiten teil gehabt. Sie schrieb ein beträchtliches Stück vom zweiten Teil seiner Erzählung „Der Familienschild"; sie fügte seinem erst mehrere Jahre später erschienenen Roman „Eine dunkle Tat" die etwa vierzig Druckseiten lange Stiftsfräuleinepisode ein; sie steuerte für seine Schrift „Der Dom zu Köln und seine Vollendung" das Gedicht „Meister Gerhard von Köln" bei.

Aber auch das eigne Schaffen setzte kräftig ein. „Malchen" Hassenpflug, eine nahe Verwandte der Grimms und eine gute Freundin Annettens, hatte schon 1837 die Bitte ausgesprochen, das Fräulein möge „den Zustand ihres Vaterlandes, wie sie ihn noch in frühester Jugend gekannt, und die Sitten und Eigentümlichkeiten seiner Bewohner" zum Stoff ihrer nächsten Arbeit wählen. Man merkt in diesem „Malchen" den Grimmschen Einfluß. Auch Schlüter widerriet damals nicht, wollte aber erst das „Geistliche Jahr" vollendet haben. Nun hatte Levin Schücking durch

„Das malerische und romantische Westfalen" die Dichterin erst recht auf die Heimat verwiesen. Und da macht sie sich wirklich an ein Buch über Westfalen „im Geschmack von (Washington Irvings) Bracebridge-Hall".

Nach ihrem Plane sollte es drei Abteilungen enthalten. „Den verbindenden Faden gibt der Aufenthalt eines Edelmanns aus der Lausitz bei einem Lehnsvetter im Münsterlande (erste und stärkste Abteilung), der dann mit dieser Familie ihre Verwandten im Paderbornischen besucht (zweite Abteilung) und durchs Sauerland (dritte und kleinste Abteilung) zurückkehrt." Sie erhoffte viel Gutes von dem Werkchen und machte sich mit Feuereifer an die Arbeit, die ihr rasch von statten ging. Aber mit einemmal verlor sie doch den Mut. Sie mußte sich selbst gestehn, daß man ihre Eltern sofort in den dargestellten Personen erkennen würde, und nach den schlechten Erfahrungen, die sie mit „Perdu" gemacht, ward sie dieserhalb ängstlich. Auch ihre Pietät regte sich, oder wenigstens die Furcht vor dem Vorwurf der Impietät; deshalb wollte sie, bevor sie weiterschrieb, erst die Entscheidung der Mutter anrufen. Das Ende vom Liede war, daß sie nach ihrer Weise nach zwei Kapiteln wieder abbrach, und daß „Bei uns zu Lande auf dem Lande" ein Fragment blieb.

Nichts ist so schade. Man würde gern „Perdu", ja sogar die Hälfte des „Geistlichen Jahres" hingeben, wenn man damit ein paar weitere Abschnitte dieser westfälischen Skizzen erkaufen könnte. Was davon vorhanden ist, ist ganz prächtig. Eine vortreffliche Prosa, ein lebendiges, geistreiches Erzählen. Man liest Satz für Satz mit einer behaglichen Sicherheit, man freut sich der festen Linien und der liebenswürdigen Laune. Die Einkleidung konnte im Hinblick auf Annettens Talent gar nicht glücklicher gewählt werden. Der fremde Vetter erzählt die Beobachtungen und Erfahrungen, die er im Land seiner Ahnen macht. Er ist absichtlich zu einem Fremden und zu einem Protestanten gestempelt, damit er manches mit freierem Blick sehen kann, und er ist doch wieder der wenn auch noch so entfernte Verwandte, der noch ein Restchen Westfalentum in sich trägt, das ihn mit der Umgebung verbindet und ihn alles leichter begreifen läßt. „Annette", sagt Hüffer sehr fein, „mußte Personen und Verhältnisse schildern, die sie liebte, über die sie aber in mancher Beziehung geistig hinausgewachsen war." Deshalb erfand sie den protestantischen Vetter. Wie gesagt, es ist ein Jammer, daß dieses leidige dilettantische Beginnen und Nichtvollenden auch hier wieder seine verhängnisvolle Rolle spielen muß.

Wenn etwas darüber trösten kann, so ist es dies, daß das Fräulein sich von den ausgezeichneten feuilletonistischen Schilderungen nur abwandte, um in einer strengeren und reineren, deshalb auch mehr Dauer versprechenden Kunstform dasselbe heimatliche Milieu zu fassen. Sie hatte schon seit Jahren den Stoff zu einer „Kriminalgeschichte, Friedrich Mergel, im Paderbornischen passiert, rein national", mit sich herumgetragen, mehrere Entwürfe und Ausarbeitungen gemacht, die sie nicht recht befriedigten. Erst im Sommer 1841 liegt diese „Kriminalgeschichte" fertig vor. Sie handelt, wie Annette der Schwester schreibt, „von dem Burschen im Paderbornischen, der den Juden erschlug". Ihr Freund Junkmann meinte, die Paderborner würden die Dichterin auch totschlagen, wenn sie die Geschichte herausgäbe.

Es ist die berühmte „Judenbuche", neben den Gedichten wohl des Fräuleins bekannteste Schöpfung. Den Titel hat nicht sie selbst gegeben, sondern der Redakteur Hauff vom Cottaschen Morgenblatt.

Diesem „Sittengemälde aus dem gebirgigten Westfalen", in dem ein neuerer Dichter, Wilhelm von Scholz, einen Beweis für die „merkwürdige Modernität" Annettens sieht, da sie es mit vollem Bewußtsein als Milieu-Novelle geschaffen, liegt eine wahre Begebenheit zugrunde, wie das Fräulein ja auch in der Erzählung selbst versichert. Sie hat leider – zu ihrem Leidwesen und auch zu unserem – den Auszug aus den Akten zu spät gelesen und nach vager Erinnerung das Ganze gestaltet. Die Novelle ist dadurch nicht schlechter geworden – gewöhnlich wird sie besser, wenn man sich nicht zu strikte an das Tatsächliche hält –, aber Annette hatte einmal die ästhetisch sehr anfechtbare Meinung, daß „die einfache Wahrheit (worunter sie hier jedoch Wirklichkeit verstand) immer schöner" sei, „als die beste Erfindung". Bei der Besprechung der „Schlacht im Loener Bruch" ist schon daraufhingewiesen worden.

Die Wirklichkeit war in einem Hauptpunkte anders gewesen, als in der Novelle erzählt ist. Es handelt sich bekanntlich um einen Burschen, Friedrich Mergel nennt ihn Annette, Hermann Winkelhannes hieß er im Leben, der einen Juden erschlug, von dem er wegen lässiger Zahlung vor Gericht gefordert werden sollte. Der Mörder flüchtete, geriet im Orient in Gefangenschaft und kehrte erst nach zwanzig resp. achtundzwanzig Jahren in die Heimat zurück. Hier läuft nun die Darstellung, welche die Akten geben, und diejenige, die Annette gibt, auseinander. Es hatten nämlich die Juden in den Baum, unter dem ihr

Glaubensgenosse erschlagen worden war, hebräische Zeichen gegraben, die bedeuteten: „Wenn Du dich diesem Orte nahest, so wird es Dir ergehen, wie Du mir getan hast." Annette lässt nun den Mörder zurückkehren und unter dem Namen eines seinerzeit mit ihm geflohenen Freundes am Ort leben. Eines Tages ist er verschwunden, und nicht lange danach findet der Förster ihn erhängt in den Zweigen der Judenbuche. An einer Narbe erkennt man ihn als Friedrich Mergel.

In Wirklichkeit war der Mörder nach zwanzig Jahren furchtbarster Leiden zurückgekehrt und hatte gar nicht daran gedacht, seinen Namen zu verheimlichen. Denn das Verbrechen war verjährt. Aber niemand wollte mit ihm verkehren, selbst der eigne Bruder nicht. Der Droste erzählte ihm von den Zeichen im Baum, die verkündeten, daß auch der Mörder eines unnatürlichen Todes sterben würde. Und der Mann, den zwanzig Jahre härtester Sklaverei nicht hatten brechen können, ertrug die Verfehmung in der Heimat nicht, ward verstört, mag oft um die hebräischen Schriftzeichen in der Suche herumgeirrt sein und erhängte sich schließlich in der Nähe des Tatortes.

Die Wirklichkeit hat hier eine prachtvolle *Novelle* geschrieben; Annette hat ein Sittengemälde daraus gemacht. Und so köstlich z. B. die Schilderung der Blaukittel, der Kampf zwischen Förstern und Holzfrevlern ist – die Novelle konnte nicht nur ihn, sie konnte die Figur des Onkels, die Figur des Johannes ganz ausschalten. Sie wäre knapper, gewaltiger und besonders der Schluß wäre psychologisch viel feiner geworden. Deshalb ist es bedauerlich, daß Annette den Aktenauszug resp. die in einem Journal veröffentlichte Darstellung der Begebenheiten zu spät kennen gelernt hat.

Aber auch so bleibt „Die Judenbuche" eine schöne und kräftige Leistung, die man wohl nahe an Karl Immermanns beste Arbeiten heranrücken kann. Zwei andre Kriminalgeschichten sind nur geplant, nicht ausgeführt worden.

Inzwischen (Frühjahr 1841) war die Mutter von der verheirateten Tochter nach Rüschhaus zurückgekehrt. Im Sommer suchte Frau von Laßberg die alte Heimat wieder auf. Aber die Zwillinge erkrankten; vom ersten bis zum letzten Tage ihres Besuches mußte Jenny sich ihnen widmen. Das war ärgerlich, und gleichsam als Entschädigung bat sie Annetten, doch mit ihr nach dem Süden zu kommen. Die Dichterin hatte gerade – im September – ihren „bekannten Äquinoktialhusten". Es war ihr beinah zur fixen Idee geworden, daß sie in der Äquinoktialzeit (März, September) einmal sterben würde. Sie war dann immer sehr mitgenommen; sie litt genau wie Friedrich Mergel in „Der Judenbuche" unter „dem Einflusse des nahen Äquinoktiums". Das machte die Schwester Jenny sehr ängstlich. Um so mehr drängte sie, daß Annette sie begleite. Die Luftveränderung würde ihr gut tun. Sie gewann die Mutter für den Plan. Was wollte das Fräulein machen? Sie war unglücklich, aber sie packte die Koffer.

Sie ahnte nicht, daß sie der hohen Zeit ihres Lebens entgegenfuhr, den „schönen Tagen von Aranjuez", die, zu herrlich, um lange dauern zu können, doch einen tiefen Glanz, einen unvergeßlichen Glücksschimmer in ihr einförmig Leben werfen sollten.

III.

Meersburg

Unter dem 29. Juni 1816 schreibt Graf Platen in sein Tagebuch: „Vor allen ausgezeichnet ist die Lage von Mörsburg, wo ich mir jahrelang in steter Beschauung gefallen könnte... Es gibt ein neues und altes Schloß hier... die Aussicht von den mittleren Sälen (des neuen Schlosses) auf den See ist göttlich, und kann nicht genug gepriesen werden. Dies Schloß ist ein Feenpalast, eine Götterhalle... Mörsburg ist ohne Zweifel einer der schönsten Standpunkte am Bodensee."

Platen war allerdings, als er dieses schrieb, noch nicht zwanzig Jahre und sehr zu Schwärmereien und Superlativen geneigt. Aber seine Begeisterung wird auch von ruhigeren Beurteilern geteilt.

Das *neue* Schloß stammte aus dem achtzehnten Jahrhundert; die *alte* Meersburg war ein ehemaliger Bischofssitz, ein gewaltiges Gemäuer auf steiler Felsenkuppe. „König Dagobert von Austrasien", schreibt Laßberg an Ludwig Uhland, „baute sie, Karl Martell erneuerte die Burg, die Welfen, die Hohenstaufen besaßen sie. Wie viele geschichtliche Erinnerungen knüpfen sich an diese Besitzung!"

Beide Schlösser, das alte und das neue, wurden von der Domänenkammer zu Karlsruhe dem alten Laßberg zum Kauf angeboten. Und da er mit der Eppishausener Besitzung nicht mehr zufrieden war – auch er konnte sich mit den Schweizern nicht recht vertragen –, so war er des Antrags herzlich froh. Natürlich kaufte er nicht die bequemere neuere, sondern die an historischen Traditionen reichere alte Burg, in die Annette im Herbst 1841 also einzog.

Das Gebäude war so mächtig, daß die wenigen Bewohner sich darin verloren „wie einzelne Fliegen". Die Dichterin hatte sich von der Schwester ein abgelegnes Turmzimmer geben lassen, da saß sie vormittags und schrieb, während sie nachmittags an den See hinunterspazierte oder in den Weinbergen umherkroch, um nach Muscheln und Schnecken zu suchen. Mit einzelnen Bewohnern des Städtchens, das durch eine in den Felsen geschlagne Schlucht von der Burg geschieden war, ward freundlich verkehrt; das Hauptkontingent der Besucher stellten aber Laßbergs gelehrte Freunde. Annette hielt sich von diesen mehr oder minder berühmten Germanisten, die sich mit den Nibelungen zu Tisch setzten und mit den Nibelungen wieder aufstanden, etwas fern – wenigstens soweit es möglich war. Sie witterte nicht mit Unrecht in diesen Leuten „verhärtete Verächter aller neueren Kunst und Literatur"; sie seien „langweilig wie der bittre Tod, schimmlig, rostig, prosaisch wie eine Pferdebürste. Mir ist zuweilen, als wandte ich zwischen trocknen Bohnenhülsen, und höre nichts als das dürre Rascheln und Knistern um mich her." Aber sie hatte auf der Meersburg immerhin mehr Glück mit diesen Herren als in Eppishausen, denn neben den Bohnenhülsen und philologischen „Distelfressern" traten ihr doch auch Persönlichkeiten wie Ludwig Uhland, das „gute, schüchterne Männchen", wie Simrock, Pfeiffer, Reuchlin entgegen, von denen besonders die letzten beiden sehr wohl auch ihre poetische Bedeutung würdigten. Gerade ihr Schwager Laßberg allerdings hielt gar nichts von ihrem Dichten und war erstaunt, als sein Freund Pfeiffer ihm eine lobende Rezension zuschickte. Er bekennt sehr offen, daß ihm die Gedichte nicht gefallen. Und wie es mit den andern Schloßbewohnern, vor allem mit der wenigstens stets geduldig zuhörenden Jenny, stand, beweist der Passus eines Briefes an Schücking: „Die Natur tut alles, mir an Poesie von außen zu ersetzen, was mir in den Mauern fehlt; denn in dieser Beziehung stehe ich hier allein, wie Sie am besten wissen."

Wahrscheinlich hätte das Fräulein, wie es ihre Absicht war, am „Geistlichen Jahr" ein wenig herumkorrigiert und wieder etwas Neues angefangen, ohne es zu beenden, wenn nicht der Mensch, der ihr am nötigsten, der ihr direkt vom Himmel gesandt war, als Bibliothekar Laßbergs auf der Meersburg aufgetaucht wäre: Levin Schücking.

Man kann sich des Verdachtes nicht entschlagen, daß dieses Zusammenkommen schon in Rüschhaus von den beiden beraten und vorbereitet worden ist. Darauf deutet nicht nur eine Bemerkung Schückings hin, daß Annette ihm schon im Sommer die Bibliothekarstelle auf der Meersburg in Aussicht gestellt habe, so daß auch er bald nach ihrem Aufbruch zur Reise in den Süden rüstete – auch die Briefstelle, in der die Dichterin der Mutter schreibt, daß Schücking in Meersburg sei, was die alte Dame schwerlich sehr entzückt haben wird, klingt nicht ganz natürlich.

Jedenfalls: der „liebe Junge" war in Annettens unmittelbarster Nähe, und nun folgt ein halbes Jahr, in dem, mitten im Winter, der herrlichste Liederfrühling aufblühte. Unter des literarischen Genossen belebendem Interesse erwacht eine ungestüme Schaffensfreude in der Fünfundvierzigjährigen. Es war, als wollte sie alles nachholen, was sie in ihrer Jugend versäumt hatte; es war, als wäre sie mit einem Male in die Sonne getreten, und alle Früchte würden reif darin. Dieser Schaffensrausch spricht nicht nur für Schücking, dessen größte literarische Tat doch diese „Inspiration" des Edelfräuleins war. Dieser Schaffensrausch erhebt doch auch eine große Klage und Anklage. Annettens Lippen haben diese Klage kaum je geformt, noch weniger die Anklage. Aber sie ist da und wird bleiben. Gegen wen sie sich richtet? Es wäre nicht ganz treffend, wenn man sagen wollte: gegen die Familie. Man muß sagen: gegen die Verhältnisse, in denen eins der größten deutschen Talente im ganzen doch jämmerlich verkümmert ist. Und es verringert die Bitterkeit, die einen beschleichen will, nicht, wenn man hinzusetzen muß, daß Annette bei ihrer Selbstverstümmelung tapfer mit Hand angelegt hat.

Die „schönen Tage von Aranjuez" waren für sie gekommen. Auf ihren Spaziergängen mußte das „kleine Pferdchen" sie begleiten, und es ward im langsamen Weitergehn geplaudert, wobei man vom Hundertsten ins Tausendste kam. Dann prallten die Ansichten wohl auch mal scharf zusammen, z. B. entbrannte ein harter Kampf über Herwegh, aber der Friede war bald wieder geschlossen, und in der „Schenke am See", in der Herr Figel, ein kleines, buckliges, bezopftes Männchen von großer Geschäftigkeit, Trauben servierte, saß man sich gegenüber. Oft kam das Gespräch auf die Frage, ob Annettens Talent sich mehr für Prosa, Lyrik oder Epos eigne, und, Schücking focht wacker für die Lyrik. Allerdings, meinte er, sei Lyrik

Gnade, die man in Geduld und Demut erwarten müsse wie ein gutes Weinjahr. Das Fräulein aber hielt es mehr mit dem Direktor im Faustvorspiel: „Gebt Ihr Euch einmal für Poeten, so kommandiert die Poesie." Und sie erklärte, einen Band Gedichte wolle sie in ein paar Wochen geschrieben haben. Sie wettete mit dem ungläubigen Schücking, stieg in ihren Turm hinauf und ging ans Werk. Tag für Tag schuf sie ein Gedicht, oft auch zwei, so daß in jenem Winter 1841-1842 der größte Teil jener Lyrik entstand, auf der ihr Nachruhm hauptsächlich beruht.

Man hat diese überströmende Fülle, die Möglichkeit eines solchen Schaffens damit zu erklären versucht, daß man sagte: die meisten der Gedichte, die jetzt Form fanden, lagen als Reime, als „bebrütete" Reime schon lange in Annetten, wie Samenkörner in der Erde. Es war nicht so ein Schaffen, als ein Ernten, was jetzt statthatte. Selbstverständlich liegt viel Richtiges in dieser Meinung. Die Samenkörner gingen auf, weil endlich die Sonne sie weckte. Das meiste wäre ohne Levin Schücking verkümmert. Aber in Annettens Talent, in der Art ihrer Gedichte, liegt doch auch eine Erklärung, wie noch auszuführen sein wird.

Um Ostern 1842 hatte das „Götterleben" ein Ende. Schücking verließ die Meersburg, um Erzieher der beiden Knaben des Fürsten Wrede zu werden. Freiligrath hatte ihm die scheinbar vortreffliche Stellung vorgeschlagen. Er nahm mehrere Manuskripte Annettens mit, darunter die titellose Kriminalnovelle, die bald als „Die Judenbuche" im Morgenblatt erschien, und eine Reihe von Gedichten, um Cotta für den Verlag des neuen Bandes zu gewinnen.

Dieses Verlassen der Meersburg nach einem erst halbjährigen Aufenthalt ist auffällig. Weshalb ging Schücking?

Laßberg hatte gewiß noch genug für ihn zu tun. Reizte ihn nur die bessere Besoldung, die er als Prinzenerzieher bezog? Bei einem Manne wie Schücking ist das nicht recht glaublich. Oder fühlte er sich doch nicht ganz wohl auf der Meersburg? War sein Verhältnis zu Annette, das ihn hingezogen, auch der Grund, der ihn davontrieb?

Man muß sich dieses Verhältnis klar machen, um vieles, vor allem auch den Abschluß, den es erfuhr, zu verstehn. Es lasse sich mit *einem* Worte nicht bezeichnen, sagen alle Beurteiler übereinstimmend. Darin liegt doch auch, daß es kein natürliches, Dauer versprechendes Verhältnis war, sondern ein auf mehreren Kanten eigentümlich balancierendes. Ein Verhältnis, das auf beiden Seiten viel, sehr viel Takt erforderte und notgedrungen Schiefes und Ungesundes mit sich brachte.

Denn es ist kein Zweifel, daß sich in die mütterliche Freundschaft Annettens ihr unbewußt ein Restchen Frauenliebe mischte.

Levin Schücking hat erklärt, er habe mit Empfindungen, die sich über sich selber nicht ganz klar gewesen seien, in das große und leuchtende Auge der besten Freundin geblickt, die er im Leben gefunden habe. Und berühmt ist die Stelle in seinem Erstlingsroman „Eine dunkle Tat", in den ja Annette selbst die Stiftsfräuleinepisode eingefügt: „Ich will Sie wie einen Bruder lieb haben; ich will jemand haben, für den ich sorgen kann wie ein Weib, an dem ich eine geistige Stütze habe, denn meine Umgebung reicht nicht für mich aus; meine Gedanken gehen darüber hinaus und bewegen sich in einem Felde, das nur Sie auch betreten; aber wenn ich auch so gedankenarm wäre wie meine Köchin – es wäre doch dasselbe, ich will jemanden haben, dem ich, wie einem geduldigen Kamele, alles aufpacken kann, was an Liebe und Wärme, an Drang zu pflegen und zu hegen, zu beschützen und zu leiten in mir ist und übersprudelt!... Aber wenn Sie deshalb glauben oder jemals sich einbilden, ich wäre verliebt in Sie, ich wäre eine Törin und würfe mich Ihnen an den Hals, so sind Sie nicht nur ein eitler Geck, sondern Sie sind etwas Schlimmeres: ein verdorbener Mensch, der von einem reinen und edlen Verhältnis keinen Begriff hat."

Diese Worte spricht das Stiftsfräulein zu ihrem jungen Schützling. Es sind auch die Worte Annettens zu Schücking. Aber erst durch den – verhältnismäßig sehr spät veröffentlichten – Briefwechsel der beiden, den Hüffer in seiner Biographie noch nicht hatte benutzen können, sind wir über das intime und eigentümliche Freundschaftsverhältnis, dem sich so leicht nichts an die Seite setzen läßt, aufgeklärt.

Die Briefe reden eine deutliche Sprache. Levin Schücking scheint eben nur der zu sein, der sich Annettens Liebe gefallen läßt. Wundervoll und rührend, mit einer großen Offenheit trägt sie ihm ihr Herz entgegen. Sie nennen sich „Du"; wie eine Mutter schreibt sie ihm, und mehr: wie eine Geliebte. Wer am meisten liebt, muß sich auch am meisten demütigen. Und in Liebe demütig wird vor ihm die Stolze.

Sie fleht: *„Schreibe mir, daß du mich lieb hast; ich habe es so lange nicht ordentlich gehört und ich bin so hungrig darauf, Du dummes, nichtswürdiges, kleines Pferd!"* Sie schreibt: „Guten Morgen, Levin! Ich habe schon zwei Stunden wachend gelegen und *in einem fort an Dich gedacht, ach, ich denke immer an Dich, immer.* Doch punktum davon, ich darf und will Dich nicht weich stimmen, muß mir auch selbst Courage machen und fühle wohl, daß ich mit dem ewigen Tränenweidensäuseln sowohl meine Bestimmung verfehlen als auch Deine Teilnahme am Ende verlieren würde; denn Du bist ein hochmütiges Tier und hast einen doch nur lieb, wenn man was Tüchtiges ist und leistet. Schreib' mir nur oft, mein Talent steigt und stirbt mit deiner Liebe; was ich werde, werde ich durch Dich und um Deinetwillen; sonst wäre es mir viel lieber und bequemer mir innerlich allein etwas vorzudichten. Könnte ich Dich alle Tage nur zwei Minuten sehn – O Gott nur einen Augenblick!"

Dem Postboten lauert sie – nach Schückings Weggang von der Meersburg – auf: vielleicht bringt er einen Brief von ihm. Auf die Treppe setzt sie sich, wo sie ihn zu erwarten pflegte, und schaut nach Vogels Garten hinüber – ohne Lorgnette, denn dann kann sie, bei ihrer Kurzsichtigkeit, länger von jedem Ankömmling denken, Levin sei es. In sein Zimmer geht sie und setzt sich stundenlang in den Sessel, in dem er gesessen. „Solltest Du es wohl recht wissen, wie lieb ich Dich habe? Ich glaube kaum."

Und als sie einen schönen Tag allein verbringt, ruft sie: „Lieber Himmel, warum habe ich einen so schönen Tag ohne Dich genießen müssen! Ich habe immer, immer an Dich gedacht, und je schöner es war, je betrübter wurde ich, daß Du nicht neben mir standest und ich Deine gute Hand fassen konnte und zeigen Dir – hierhin – dorthin – Levin, Levin, du bist ein Schlingel und hast mir meine Seele gestohlen; Gott gebe, daß Du sie gut bewahrst."

Das klingt anders, als die Briefe, die das Fräulein an Sprickmann oder Schlüter geschrieben. Die Liebe einer Mutter, die letzte Liebe des Weibes, die kameradschaftliche Liebe der Freundin schlingen sich unlöslich durcheinander. „Lieber Levin, Deine treue Sorge und Liebe tut Deinem Mütterchen sehr wohl; sie hat ja auch nur den einen Jungen, auf den sie alles, was von Mutterliebe in ihr ist, konzentrieren muß." Sie schenkt ihm, wie früher schon Schlütern, einen Ring mit der Inschrift: *Toujours sincère*. „*Toujours sincère* – das ist mein liebstes Kind gegen mich und wird es immer bleiben; wo sollte es sich besser hinwenden, ein Mutterherz ist nicht so leicht aus dem Ärmel zu schütteln."

Man fühlt förmlich die leise Angst in den Zeilen, daß er sich von ihr abwenden, daß sie ihn verlieren könne. „Nicht wahr, mein Junge?" fragt sie: „Dein Mütterchen bleibe ich doch, und wenn ich auch noch vierzig Jahre lebe. Mein Schulte, mein kleines Pferdchen, – was hängen alles für Erinnerungen, die nie verlöschen können, an diesen Titeln!" Und sie erinnert ihn, man muß wieder sagen, wie eine zärtliche Geliebte, die das Andenken schöner Stunden beschwört, an Rüschhaus, „wo Du mein Schulte warst". Sie fragt ihn: „Denkst Du noch an mein Kanapee mit den Harfen (?) – meine Bank unter den Eichen? von der ich so schwer Abschied genommen habe, als ob es mich geahndet hätte, daß ich dir dort nie wieder mit dem Fernrohr auflauern würde?" Der Refrain aber bleibt: „wie unmenschlich lieb ich Dich habe"!

Ja, sie hatte ihn lieb. Sie schämte und grämte sich dieses Gefühls halber nicht; sie verbarg es ihm nicht. Denn sie sprach sich selbst vor, daß es eben nur mütterliche Liebe sei. „Meine beste Freude auf der Welt", nennt sie ihren Levin.

Man begreift danach den Schaffensrausch, der sie überkam. Sie wollte ihrer „besten Freude" gleichsam zeigen, was sie könnte. Sie sah ein, daß das „hochmütige Tier" sie nur lieben würde, wenn sie etwas leiste. Und da wollte sie eben etwas leisten. Schückings „inspirierende Macht" über sie, die sie bekennt, ist eigentlich nur die Macht ihrer eignen Liebe. In diesem großen Gefühl entfaltet sich ihr Talent. Und immer muß man ihrer eignen, eine tiefe Wahrheit enthaltenden Worte gedenken: mein Talent steigt und stirbt mit Deiner Liebe; was ich werde, werde ich durch Dich und um Deinetwillen! „Wärst Du noch hier", sagt sie einmal, „mein Buch wäre längst fertig, denn jedes Wort von Dir ist mir wie ein Spornstich."

Aber man hat viel zu wenig beachtet, daß dieses Verhältnis, das unsrer Literatur herrliche Früchte getragen, die Beteiligten ihrer Umgebung gegenüber in eine schiefe Lage bringen mußte. Der von der Mutter und der ganzen Familie immer ein klein wenig mißtrauisch betrachtete Levin Schücking, der Bibliothekar bei Annettens Schwager war, mußte vor den andern zu der Freundin, die er heimlich duzte, die er Mütterchen nannte, „gnädiges Fräulein" sagen. Annette wieder mußte den Mann, dem sie heimlich solche Briefe schrieb, förmlich mit Sie anreden und gewiß den sozialen Abstand offiziell wahren. Das muß für Levin Schücking demütigend gewesen sein. Als feinfühliger Mensch mag er das Verhältnis vor allem auch den Leuten gegenüber, deren Gastfreundschaft er genoß, als drückend, ja fast als Schuld gefühlt haben. Das stete Lavieren und Versteckspielen vor den Laßbergs mochte nicht jedermanns Sache sein. Endlich hat ihn vielleicht die Liebe Annettens selbst ein wenig gedrückt. Denn unzweifelhaft war die Neigung des Fräuleins zu ihm größer, viel größer, als die seine zu ihr. Er ist doch mehr passiv gewesen, das „geduldige Kamel", das sich diese Liebe aufpacken ließ. Man hat das Gefühl vor den wenigen von ihm erhaltnen Briefen, als kokettiere er ein bißchen, lasse sich umwerben, gehe mehr aus Gutmütigkeit, denn aus innerster Empfindung auf Annettens Ton ein. Seine ehrlich freundschaftliche Gesinnung steht ja außer Zweifel. Aber mehr konnte und wollte er nicht geben. Er hat sein Gefühl höchstens des Fräuleins wegen etwas höher geschraubt.

Der Zustand war also fraglos ein wenig ungesund, und es drängt sich der Gedanke auf, daß die „periodische Brummigkeit" Schückings, von der Annette spricht, eine Brummigkeit, die zu dem sonstigen lustigen und netten Menschen nicht recht passen will, auf das vielleicht unklare Gefühl von der Schiefheit seiner Lage zurückzuführen ist. Es würde sich so auch erklären, daß er die erste Gelegenheit ergriff, um von der Meersburg wieder fortzukommen.

Man würde Annette unterschätzen, wenn man ihr weniger Feingefühl zutraute. Im ersten Rausch der Freude, des Schaffens mag sie wohl über manches Bedenken hinweggesprungen sein, das ihr sonst den Weg verlegt hätte. Sie wollte auch ein Recht auf Glück haben; sie hat sich diesem „silbergrauen" Glück voll hingegeben. Aber die Erziehung, das fünfundvierzigjährige Leben einer Droste konnten wohl für eine Zeit, nicht aber für immer zurückgedrängt werden. Sie hat Schücking nicht gehalten, so weh ihr zumute war. Vielleicht kam es gar zu einer Aussprache, denn sie hat ihm „zuletzt harte Dinge gesagt", über die sie selbst nachher „bittre Tränen geweint". Wie ein Igel lag sie nach dem schweren Abschied auf dem Kanapee und fürchtete sich vor den alten Wegen am See, die sie so oft gemeinsam gewandert, wie vor dem Tode. So „todbetrübt" war sie acht Tage, daß sie keine Zeile hätte schreiben können, und wenn es um den Hals gegangen wäre.

Aber es mußte eine Zeit kommen, wo sie, von Schücking getrennt, das versunkne „Götterleben" nicht mehr mit den Augen der Dichterin, der glücklichen, liebenden Freundin, sondern gleichsam mit den Augen des Freifräuleins von Droste, mit den Augen der Familie ansah. Es brauchte nur ein paar geringfügiger Anstöße, um Glück in Leid zu verkehren und ein Verhältnis, das, gerade weil es viel mehr war als Freundschaft, auch schief war und auf der Kippe stand, zu zerstören.

Zunächst aber blieb Annette noch ganz im Banne des späten Glücks. Alle ihre Gedanken und Briefe suchen Schücking. Er ist ihr Unterhändler mit Cotta; ihm überläßt sie es, ob sie ein Anerbieten, das Velhagen und Klasing in Bielefeld ihr betreffs der Herausgabe ihrer Gedichte gemacht haben, annehmen soll oder nicht.

Ende Juli trat sie die Heimreise von der Meersburg an. Vorher schrieb sie an Schücking: „Liebes Herz, wundre Dich nicht, wenn ich Dich fortan Sie nenne und dich um ein gleiches bitte; die gefährliche Zeit unsrer Korrespondenz fängt jetzt an, und es ist mir zu empfindlich, alle deine lieben Briefe des Dus wegen verbrennen zu müssen."

Die gefährliche Zeit der Korrespondenz... Annette fuhr ja nach Rüschhaus zur Mutter! Ja, sie schrieb Schücking sogar den genauen Termin vor, wann er ihr Briefe senden solle. Sie wollte nicht gezwungen sein, sie vorlesen zu müssen. Es fiel ihr schwer, dem alten Du zu entsagen.

Und es durfte ja niemand – am allerwenigsten die Mutter – wissen, wie sie mit Schücking stand! Es gab sowieso schon Klatschereien. Mit dem „Seelenfreund" hatten sie Laßbergs bereits harmlos geneckt, ohne zu ahnen, wieweit das Verhältnis ging. In Münster hatte eine „gute Freundin" allerlei geschwätzt über Schückings früheres Verhältnis zu Elisa Rüdiger, gleichzeitig auch Annettens Freundschaft mit Levin verdächtigt. Einen Augenblick dachten die beiden Damen, die Oberregierungsrätin und das Freifräulein, sogar daran, ihre Bilder und Briefe zurückzuerbitten. Denn man mußte vorsichtig sein, wenn es auch noch einmal glücklich gelungen war, die Klatschereien im Keim zu ersticken.

Die literarischen Arbeiten wurden dabei nicht vernachlässigt, vor allem brachte der Spätherbst 1842 noch „ein größeres Gedicht von ohngefähr sechs- bis siebenhundert Versen", den nach einer Grimmschen Sage gearbeiteten „*Spiritus familiaris* des Roßtäuschers".

Schon durch seine Form zeigt dieses Gedicht, wie nahe es der durch Schücking inspirierten lyrisch-epischen Schaffensepoche steht. Der Stoff ist in sieben Abteilungen zerlegt; in allen wird die gleiche, feste Strophenform durchgehalten. Sehr geschickt ist die Eintönigkeit durch Verkürzung der beiden letzten Verse jeder Strophe vermieden. Überhaupt wird selbst dem Laien auffallen, wie viel reiner und durchsichtiger die Form Annettens geworden ist. Die Dunkelheiten, die in allen früheren größeren Gedichten störten, sind hier vermieden; das Ganze ist glatter, flüssiger, geschliffener, ohne daß die Kraft des Ausdrucks und der Charakteristik deshalb gelitten hätte. Bei der Schilderung des „*Spiritus familiaris*" hat die Dichterin wieder ihr unheimliches Talent, Grauen zu wecken, in aller Stärke gezeigt.

Die Dichtung faßt das alte Faustproblem, ohne sonderlich tief zu bohren. Ein Roßtäuscher, dem die Koppel gefallen ist, verschreibt sich dem Bösen und erhält jenen *spiritus familiaris*, der, in wohlverschlossnem Gläslein aufbewahrt, aussieht nicht recht wie eine Spinne, nicht recht wie ein Skorpion, seinem Besitzer Reichtum bringt, ihn aber auch der Hölle zuführt. Es wird nun erzählt, welche vergeblichen Versuche der Roßtäuscher macht, das Teufelszeug loszuwerden, wie er elend und durch Reue und Buße endlich erlöst wird. Es ist richtig, daß die Dichtung sich nicht eigentlich steigert. Aber sie ist viel knapper als die vorangehenden epischen Schöpfungen und behauptet als Ganzes doch vielleicht die erste Stelle unter ihnen, ob die „Schlacht im Loener Bruch" auch in einzelnen Partien großartiger wirkt.

Kaum ist das Werkchen vollendet, da wird Annette wieder krank; sechs Wochen lang war sie „recht miserabel daran", fühlte sich im Februar etwas besser, aber als der März und die böse Äquinoktialzeit kam, fürchtete sie jeden Tag zu sterben. Die ärztliche Diagnose lautete auf innere Nervenkrämpfe; sie selbst hielt sich für schwindsüchtig. Um stets einen Arzt in der Nähe zu haben, ward sie nach Münster schafft. Anfang Mai 1843 konnt' sie gebessert nach Hülshoff ziehn und über die „schändlichen Biester" von Nerven scherzen. Ende Juni hat sie endlich die Reinschrift der Gedichte in der Hauptsache fertig.

Und es war nun, als ob sie sich auf den Abschied vorzubereiten beginne. Ihre beste Freundin, die sie im Spätsommer in Rüschhaus besuchte, fand sie etwas „gleichgültig". Sie selbst gesteht: „Ich genieße jedes Abendrot, jede Blume im Garten wie eine Sterbende." Sie sieht die alten Papiere und Briefe durch und verbrennt mit ihnen manches Stück Vergangenheit. Dann flüchtet sie vor dem nahenden Winter wieder auf die Meersburg, die ihr mehr und mehr zur Heimat wurde. Am liebsten sah sie in der Dämmerung über den See hin, in das „unvergleichlich schön" glühende Abendrot.

Schücking führte inzwischen die Verhandlungen mit Cotta wegen der Gedichte. Sie kamen zu glücklichem Abschluß. Für die erste Auflage von 1200 Exemplaren wurde ein Honorar von 700 Gulden bewilligt. Und für einen Teil des Geldes kaufte Annette sich einen ungefähr vier Minuten vor dem Tore von Meersburg liegenden Weinberg mit einem großen Gartenhaus. Die „niedliche Miniaturbesitzung" stand gerade zur Auktion, zahlreiche Käufer hatten sich eingefunden, aber man hielt die fremde Dame für sehr reich, so daß niemand recht gegen sie zu bieten wagte, und Annette die ganze „Geschichte für 400 Taler zugeschlagen" erhielt.

So war die Westfälin sogar Grundbesitzerin im Süden geworden, „in der Luft, die ihr allein zusagte und endlich wohl ihre heimische werden musste", an jenem Orte, wo sie die glücklichste Zeit ihres Lebens verbracht.

Das Glück war vorübergerauscht. Die Fremde hielt ihren Herzensjungen fest. Und was tiefer schmerzte, was kommen mußte: eine andre Frau, eine jüngere, schönere, trat zwischen sie und Levin Schücking.

Levin hatte in der fürstlich Wredeschen Familie sehr unglückliche Zustände angetroffen. Annette selbst riet ihm, sobald als möglich die Stellung aufzugeben. Sie fürchtete, er könne da in schlechte Gesellschaft geraten, besonders wohl in schlechte *weibliche* Gesellschaft. Denn sie schreibt ihm: „unter diesen Umständen" sähe sie ihn, Gott weiß wie gern, „von einer honetten Neigung befangen, aber nur von einer recht honetten".

Das mag sie so hingeschrieben und ganz ehrlich gefühlt haben. Als aber Levin sich mit überraschender Promptheit wirklich auf die gewünschte Seite legte, da mag doch die Angst über sie gekommen sein. Er schwärmte sehr von der Tochter eines hessischen Generals, der auch schriftstellerisch tätigen Freiin Luise von Gall; er mag, erst wohl halb im Scherz, gefragt haben, ob Annette sie zur Schwiegertochter wolle. „Das könnte ganz wohl sein", antwortete das Fräulein. Aber sie beschwört ihn, sich vor jedem Wort zu hüten, das ihn binden könne; er solle die Gall erst kennen lernen; er dürfe ohne festes Einkommen nicht heiraten. Es ist ihr so ängstlich zumute; sie macht in jedem Brief neue Einwendungen, rät in jedem zu größter Vorsicht. Sie bat ihn, „wie nur eine Mutter bitten kann", sich nicht zu übereilen und vor allem, nicht ohne festen Grund unter den Füßen zu heiraten. Künstler und Dichter, meinte sie, nähmen gewöhnlich Frauen, für die sich jeder andre bedanken würde.

Aber Schücking war jung, verliebt, temperamentvoll. Er hat sich eigentlich nie von Annette beeinflussen lassen. Und kaum war ihm ein Redakteurposten sicher, als er sich auch frischweg mit Fräulein von Gall verlobte und bald darauf verheiratete. Es ist immerhin bezeichnend, daß er erst einen Monat nach stattgehabter Trauung die Freundin von dem *fait accompli* benachrichtigte.

Und es ist weiter doch klar, daß damit das alte Verhältnis innerlich zerstört war, wenn es auch äußerlich noch eine kleine Zeit aufrecht erhalten wurde. Levin hatte seine Braut veranlaßt, an die Droste einige freundliche Zeilen zu richten. Sie wurden freundlich erwidert. Man versuchte, in das alte Verhältnis eine dritte hineinzuziehn; man überbot sich in herzlichen Briefen. Am 6. Mai 1844 führte Levin Schücking seine junge Frau der Freundin zu. Vierzehn Tage weilte das Ehepaar in Meersburg. Es war alles sehr nett, aber es kam zwischen dem einstigen „Mütterchen" und der Gattin Levins zu Mißverständnissen; es gab manche unbehagliche Spannung, Annette war empfindlich, die junge Frau auch, dadurch wurde es endlich Schücking selber. Man sagt, das Fräulein sei dadurch unangenehm berührt worden, daß die junge Frau den Altersunterschied zu sehr betont habe. Auch „die verschiedne Art zu singen" soll zu der Spannung beigetragen haben. Annette brachte noch einmal alles ins reine. Man findet drei an Levin Schücking gerichtete Gedichte in ihren Werken, von denen zwei dazu bestimmt sind, Mißverständnisse zu beseitigen. In Freundschaft schied das Ehepaar von der Meersburg; der Dampfer entführte es über den See.

Das Fräulein aber blieb zurück und mag mit ihrem Herzen gerungen haben. Sie sah, daß Levin ihr verloren war. „Für Eheleute", hatte sie ihm einst geschrieben, „gibt's nur *einen* Himmel und *eine* Hölle im eignen Hause, alles andre ist fortan nur Zugabe, – selbst die bestgemeinte Liebe anderer." Das war ja durchaus richtig, aber deshalb war es nicht weniger bitter für sie, sich nun ganz verdrängt zu sehn. Nichts hatte ihr das Leben recht erfüllt, und nun hatte ihr eine andre, die nichts vor ihr voraus hatte, als daß sie jünger und schöner war, ihre letzte und beste Freude genommen.

Da fuhren sie hin, den Türmen von Konstanz zu, jung und im Maiensonnenschein über den blauen Bodensee, während sie, einsam, alternd, in ihrem Turmzimmer saß. Es zittert wie Trotz, es weint wie Tränen in dem Abschiedsgedicht „Lebt wohl":

> „Lebt wohl, es kann nicht anders sein!
> Spannt flatternd Eure Segel aus,
> Laßt mich in meinem Schloß allein,
> Im öden, geisterhaften Haus.
>
> Lebt wohl und nehmt mein Herz mit Euch
> Und meinen letzten Sonnenstrahl;
> Er scheide, scheide nur sogleich,
> Denn scheiden muß er doch einmal.
>
> Laßt mich an meines Seees Bord,
> Mich schaukelnd mit der Wellen Strich,
> Allein mit meinem Zauberwort,
> Dem Alpengeist und meinem Ich.
>
> Verlassen, aber einsam nicht,
> Erschüttert, aber nicht zerdrückt,
> Solange noch das heil'ge Licht
> Auf mich mit Liebesaugen blickt."

Annette müßte kein Weib gewesen sein, wenn nicht eben doch eine tiefe Bitterkeit, eine Eifersucht gegen die junge Frau sie erfüllt hätte. Wohl rang sie danach, der Gattin Levins Gerechtigkeit widerfahren zu lassen, ja, ihr mütterliche Freundschaft entgegenzubringen. Vielleicht hat Luise Schücking auch nicht den rechten Ton gefunden, vielleicht war auch sie nicht ganz frei von Eifersucht – obwohl ihr Levin schon als Bräutigam gesagt hatte, daß dazu kein Grund sei – kurz, die beiden Damen kamen sich nicht näher, was immerhin begreiflich ist. Und der junge Gatte mag Annetten auch direkt einmal vorgeworfen haben, daß sie seiner Frau keine Sympathie entgegenbringe. Das Fräulein stritt dawider, aber sie urteilte doch in einem Brief an eine Verwandte, daß neben vielen guten Eigenschaften Frau Schücking die Gabe hätte, zu wissen, daß sie sehr schön und sehr talentvoll sei, „weshalb sie mir doch nicht recht zu Gemüte wollte".

Die Trennung von Levin Schücking – denn das Ende war da, ob es auch von keiner Seite zugegeben, aber von jeder gefühlt ward – muß viel gewaltiger auf die Droste gewirkt haben, als man nach ihren Briefen und den Darstellungen der Biographen vermuten sollte.

Als wäre ihr ein Halt geraubt, verfällt sie. Die Flügel, die noch eben die höchsten Höhen gestreift, sind ihr gleichsam gebrochen. Scheu duckt sich der Adler auf die Stange nieder: er wird nicht mehr fliegen.

Es fallen Schatten auf Annettens letzte Jahre. Auf den seligen Freiheitsrausch folgt die Reaktion. Die psychologische Entwicklung ist klar: ihr Junge, ihr Freund, ihr Geliebter, ihr Erlöser – die Karte, auf die sie den letzten und höchsten Einsatz gesetzt – hatte sie enttäuscht. Sie glaubte kraft ihrer Liebe Rechte auf ihn zu haben, die nicht so, wie sie gehofft, honoriert wurden. Ihr Verstand, ihr Wille war, wie in allen andern Zeiten ihres Lebens, auch hier bereit, der vernünftigen Erkenntnis zu folgen, sich nicht aufzulehnen gegen natürliche und einmal gegebne Verhältnisse. Aber wie immer gab sich auch hier das heiße Herz nicht damit zufrieden. Und allen freundschaftlich gequälten Briefen zum Trotz muß die grollende Bitterkeit gegen Schücking, der sie verlassen hatte, gewachsen sein.

Sie mußte sich sagen, daß sie – was sie am meisten beschämt und erzürnt haben wird – diesem Schücking viel weiter entgegengekommen war als je einem andern Menschen, vielleicht einen Schritt zu weit in dem großen Liebesgefühl des einsamen, alternden, um ihr Leben betrogenen Weibes. Kein Zweifel, daß sie mehr die Werbende gewesen war, als die Umworbene.

Die Liebe zu ihm hatte sie ferner weiter geführt, als nicht ihre ursprüngliche, wohl aber ihre durch ewige Erziehung und Abhängigkeit korrigierte Natur ihr erlaubte. Die Liebe zu ihm war stärker gewesen als ihre fest eingewurzelte Pietät. Sie hatte hinter dem Rücken der Ihren gehandelt, sie war heimlich dem eignen Herzen gefolgt, sie hätte, wenn der Mutter ihre Briefe an Levin in die Hände gefallen wären, sich zu Tode geschämt. In dem Rausche des großen Gefühls sah sie nur ihr eignes Recht auf Glück; als der Rausch verflog, sah sie ihr Unrecht gegen die Ihren.

Und als Schücking, nachdem er sie in die Freiheit, zur Höhe geführt, plötzlich abschwenkte, als ihre beste Freude und ihre Stütze fiel, da wußte sie nichts andres, als verwirrt, geängstet, erbittert wieder auf die getreue Stange im Vogelhaus zurückzukehren. Aber Schücking war ihr mehr gewesen als ein Mensch, den sie liebte. In ihm hatte sich die Freiheit selbst für sie personifiziert, in ihm die Literatur, in ihm alle Reiche, die er ihr erschlossen.

Da sieht man das echte Weib: nicht nur gegen ihn selbst begann sie nun bitter und ungerecht zu werden, sondern auch gegen alle Tendenzen, die mehr oder minder stark mit ihm verknüpft waren. Alle die Vorwürfe, die sie – wenn es schon einmal Vorwürfe sein mussten - sich wegen ihres Verhältnisses zu Schücking doch nur selbst machen konnte, ihre Veschämung, daß sie zu weit gegangen war, ihre Gewissensbisse über die gegen die Ihren begangene Impietät – sie trafen zusammen und lösten eine Erbitterung in ihr aus, die sich ganz ungerechter, aber menschlich begreiflicher Weise gegen Schücking richtete.

Der Zufall wollte es, daß ein paar Mißverständnisse und Unannehmlichkeiten, über die sich Annette sonst leicht hinweggesetzt hätte, dazutraten und die Erbitterung immer mehr steigerten. Es waren in den „historisch-politischen Blättern" von Görres einige Artikel über Westfalen anonym erschienen, die von Annette herstammten – die nicht glückliche Fortsetzung von „Bei uns zu Lande auf dem Lande" – und die in der Heimat unliebsames Aufsehen erregt hatten. Man witterte feudale, volksfeindliche Tendenzen darin; die Familie schwebte in Todesangst, daß der Verfasser bekannt werden und die ganze Entrüstung sich gegen die Familie von Droste kehren würde; man grollte Annetten, daß sie durch ihre Schriftstellerei solch Unheil angerichtet habe, und Kreiten wird nicht fehlgreifen, wenn er meint, daß da auch manches harte Wort gegen Schücking gefallen sei, der sie in ihrer Tätigkeit hauptsächlich bestärkt hatte. Daß Schücking die ganz entgegengesetzten, nichts weniger als „feudalen" Ansichten hatte, tat nichts – er war der Literat, und man schlug auf ihn los.

Dann kamen Levins Gedichte. Darin tritt nach Annettens Meinung der Freund wieder als „Demagog" auf. „Völkerfreiheit! Preßfreiheit! alle die bis zum Ekel gehörten Themas der neuen Schreiber!" Da mag die Familie doppelt entsetzt gewesen sein. Resultat: man schlug wieder auf ihn los.

Gleichzeitig fast erschien von Schücking der Roman, für den Annette die Stiftsfräuleinepisode mit den berühmten, früher schon zitierten Worten geschrieben. Sie mochte fürchten, daß man das Selbstporträt leicht erkennen und allerhand Schlüsse ziehn würde.

Und endlich ward der Roman „Die Ritterbürtigen" veröffentlicht, in dem der westfälische Adel nicht allzugut wegkam, und von dem Schlüter, dessen Urteil immer dem Drosteschen Familienurteil entspricht, sagt, daß er „elend" sei, „Pietät und religiöses Gefühl verletze", und daß Schücking sich darin als ein erbärmliches, altes Klatschweib zeige, das dem Pöbel des Zeitgeistes die Füße lecke.

Das schlimmste aber war, daß man dem Verfasser den Vorwurf der Indiskretion machte, und daß die Standesgenossen diejenige Familie, in der er am meisten verkehrt hatte, eben die Drostesche, im Verdacht hatten, ihm das Material gegeben zu haben. So fiel auch hier alles auf Annette zurück.

Man muß um der Gerechtigkeit willen konstatieren, daß von Indiskretionen Schückings keine Rede sein konnte. Hermann Hüffer hat das ausdrücklich festgestellt, aber – der Prügeljunge war einmal geschlagen. Und diesem Ansturm von allen Seiten konnte das Fräulein nicht widerstehn.

Die Worte, die sie damals über Schücking in maßloser Aufregung gesprochen, sollen hier nicht zitiert werden. Sie sind unedel und Annettens nicht würdig. Sie sind nur zu erklären aus der Erbitterung und Bedrängnis, in der sie sich befand. Aber aus dem schon unedlen Mißtrauen, das

Annette von Droste-Hülshoff
Nach einer Photographie aus dem Jahre 1846.

beinah das reine Bild des Fräuleins trüben könnte, spricht doch nur das *eine*, daß ihr Herz den Verlust des Freundes noch immer nicht verwinden konnte.

Und sie, die wenn nicht in ihrem äußeren, so doch in ihrem inneren Leben immer von Extrem zu Extrem gestoßen ward, zwischen „Frost und Brand" schwankte, sie mußte naturgemäß gleich ins andre Extrem fallen. Man erinnere sich, wie sie sich, wenn der Verstand in hohen Flügen das Dogma, den Glauben und die Tradition ihres Hauses überflogen hatte, in Schreck und Entsetzen krampfhaft ans Kreuz klammerte, wie sie die Augen zudrückte, wie sie dem Verstande fluchte.

Ebenso klammerte sie sich jetzt in Schreck und Entsetzen, nicht so über Schücking, als über sich, krampfhaft an das bleibende, an die Familie, an die Verhältnisse, denen sie sich einmal geopfert. Sie will am liebsten von nichts mehr wissen, nichts von der Literatur, nichts von Freiheit. Sie flucht ihnen, sie flucht Schücking, wie sie einst ihrem Verstande geflucht. Es ist der Adler, der gegen die Schwingen wütet, die ihn hochgetragen. Es ist aufgefallen, wie „ultraloyal" Annette zuletzt ward, wie sie in feudaler Verständnislosigkeit förmlich erstarrte. Man hat da Einwirkungen der Familie sehn wollen. Aber wenn die Familie die Dichterin jetzt zum erstenmal auch geistig ganz zu der Ihren machte – es war Schücking und kein andrer, der *indirekt* diese Phase der Entwicklung bestimmte, wie er die vorhergehende und entgegengesetzte *direkt* bestimmt hatte.

Zu einem offnen Bruch, zu einer Aussprache kam es nicht. Aber die Korrespondenz bricht plötzlich ab. Im letzten Briefe vom 7. Februar 1846 hatte das Fräulein die Schückingschen Gedichte, über die sie sich der Freundin gegenüber so empört geäußert, dem Autor gegenüber noch sehr gelobt als „ein schönes Buch", in dem kein einziges schlechtes oder auch nur mittelmäßiges Gedicht sei. Man kann das nicht mehr zusammenreimen, wenn man nicht in eine bedenkliche Trennung der Persönlichkeit willigen will. Die literarisch und ästhetisch urteilende Dichterin konnte vielleicht rühmen, wo das moralisch und politisch urteilende Freifräulein von Droste entsetzt zurückweichen mußte. Sie hatte ja bei Freiligrath etwas ähnliches getan, wenn sie seine Poeme schön, aber wüst genannt. Doch man sieht auch hier: die Linien verwirren sich, und es fliegt wie ein Schatten über das reine Bild.

Nun ging auch in Erfüllung, was Annette einst ihrem Herzensjungen gesagt: „mein Talent steigt und stirbt mit Deiner Liebe". Es war, von dieser Liebe begleitet, zu Höhen gestiegen; nun, von ihr verlassen, starb es. Der „Spornstich" fehlte. Die Dichterin ist von jetzt ab tot.

Wenn man einen letzten Blick auf dieses Verhältnis wirft, so muß man noch einmal hervorheben, daß, so gewiß die Droste die ungleich bedeutendere Persönlichkeit war, Schücking dennoch ihr mehr gegeben hat und geben konnte, als sie ihm. Das lag in den Verhältnissen begründet; das lag vor allem daran, daß Annettens Liebe größer war. Durch diese Liebe ward sie so reich. Sie mußte Levin Schücking dankbar sein und bleiben. Nicht nur, daß sie ihm ihre reichste Schaffensperiode verdankte – er hat ihr doch auch literarische Verbindungen erschlossen und sich ehrlich für sie bemüht. Auch später, viele Jahre nach ihrem Tode, hat er immer für sein „Mütterchen" gekämpft und sich in jeder Beziehung als ein vornehmer und feinsinniger Mensch gezeigt. Man muß das doppelt unterstreichen, weil von derselben Seite, die Annette gern auf das geistige Niveau der Familie und Schlüters herabdrücken möchte, mit schlecht verhehltem Behagen alles in den Vordergrund gerückt wird, was die verbitterte Dichterin gegen Schücking gesagt hat. Wenn einer aber zuletzt gefehlt hat, so ist es nicht Schücking gewesen, sondern Annette.

Ich sprach bereits davon. daß sie offensichtlich verfiel. Sie war alt und dick geworden. Ein Bild aus dieser Zeit (1846) erschreckt einen, das Zarte und Feine ihres Gesichtes ist vergröbert, ihre herrlichen Ringellocken sind verschwunden, dafür präsentieren sich zu beiden Seiten des Kopfes zwei dicke, häßliche Knoten. Wie Annette berichtet, hätte die alte Köchin vor diesem Daguerrotyp ausgerufen: „Es gleicht wohl, aber, du lieber Himmel, wie betrübt!"

Aus der Nette von Hülshoff war das Fräulein von Rüschhaus geworden; aus dem Fräulein von Rüschhaus das dicke Madämchen von Meersburg, „Tante Nettchen". Das Altjungferliche kam zum Vorschein. Sie hatte in ihrem Turm „einen kleinen Fix, Rasse: Wachtelhund" gehabt, der ihr nachts die Pantoffeln verschleppte und den sie liebte. Aber auch ihn mußte sie abgeben; Laßberg meinte, das Hündchen „würde endlich Flöhe bringen". Als Ersatz hielt sie sich ein klein Kanarienvögelchen, das mir aus der Hand frißt".

In dieser letzten Zeit ward sie, wie gesagt, ganz eine Tante nach dem Herzen der Familie. Und es wundert einen nicht, daß da auch der gute Schlüter aus der Versenkung wieder auftauchte. Er hatte sich nicht dadurch stören lassen, daß Annette fast fünf Jahr keine Zeile an ihn gerichtet; er bekam auch jetzt keine Antwort, aber er schrieb immer wieder dringende Briefe, bis das Fräulein erwiderte. Sie kehrte zu ihm zurück, wie sie zur Familie zurückgekehrt war. Er war eben das, „welches da bleibt, wie es ist"; sie hatte von ihm keinerlei Enttäuschungen zu fürchten, allerdings auch nichts zu hoffen. Es war keine Gefahr, daß sie aus großen Höhen stürzte, weil sie mit ihm sowieso nicht dahingelangte. Aber wieder mochte ihr in ihrer Zerrissenheit und ihrer Bedrängnis der geduldige Christ, der zufriedene Durchschnittsmensch Vorbild und Tröstung sein. Sie glaubte mit dem Wein schlechte Erfahrungen gemacht zu haben und kehrte reuig zur Milch der frommen Denkungsart zurück. Schlüterchen kam mit seinem heitren, nie getrübten Glauben, seiner Frömmigkeit, seiner Zuverlässigkeit; er kam natürlich auch mit dem „Geistlichen Jahr", das er in Erbpacht genommen hatte und das Annette im einzelnen noch durchfeilen sollte. Und ihr erster Brief an Schlüter enthält nach all den ungerechten, ihrer unwürdigen Anklagen Schückings den Passus: „Lassen Sie uns für ihn (Schücking) beten, Christi Blut ist auch für ihn geflossen, und Gott hat tausend Wege, die Verirrten wieder zu sich zurückzuführen."

Wo man hinsieht: die ungeheuerste Reaktion gegen die Schücking-Epoche. Ihre Gedichte waren bei Cotta durch Schückings Vermittlung erschienen; fast hohnvoll hatte sie zuerst Schlüters Ansinnen, sie wieder nach Münster zu geben, zurückgewiesen. Jetzt scheint selbst an dem Buche, das einen starken literarischen Erfolg hatte, ihr Interesse verhältnismäßig schwach. Die ganze Literatur war ihr verleidet. Alles doch im Grunde durch den einen Mann. Wie muß sie ihn im stillen geliebt und was muß sie gelitten haben! Immer fester wird ihr Entschluß, sich „von allen literarischen Bekanntschaften immer mehr zurückzuziehn, sowie der, niemals eine Rezension oder kritischen Aufsatz zu lesen". Und das ist dieselbe Frau, die früher nicht ohne Stolz ihre Besprechungen aufzählte.

Wie ultraloyal sie wurde, ist schon gesagt. Sie kannte zuletzt auch darin kaum Grenzen mehr.

Im Herbst 1844 war sie wieder nach Westfalen zurückgekehrt; im Herbst 1846 zog es sie von neuem nach der Meersburg. Auch körperlich verfiel sie mehr und mehr, und die Krankheiten plagten sie härter als je. Todesahnungen drängten sich ihr auf; sie verkehrte nur noch mit den Verwandten, las in einer „Nachfolge Christi" und verließ ihr Zimmer nur auf Stunden, um eine vorgeschriebene Schrittzahl zu absolvieren. Sie selbst kam sich dabei schon „wie ein Geist am Runenstein" vor, und es war ihr „selber oft nicht deutlich, ob ich lebend, ob begraben". Die Märzstürme von 1848, die auch um die Meersburg brandeten, erschütterten sie sehr. Als der Mai kam, machte sie Spaziergänge; am 19. Mai absolvierte sie sechstausend Schritte, wie sie freudig erzählte. Mit Jenny wollte sie auch ein Duett singen. In der Nacht vom 21. auf den 22. Mai warf sie etwas Blut aus; am 24. Mai fühlte sie sich freier, der Tag war prächtig und sonnig, der Arzt, der sie um elf Uhr untersuchte, war zufrieden mit ihr. Als die Mutter um zwölf Uhr mittags zum Essen hinausging, blieben abwechselnd die kleinen Nichten bei Annette. Sie genoß etwas von einer Milchspeise und schickte Hildegund Laßberg nach dem Arzt, weil sie wieder etwas Blut im Munde spürte. Der Arzt saß bei Tisch; der Weg zum Eßzimmer war ziemlich weit. Als er die Krankenstube betrat, fand er eine Tote.

Niemand war in den letzten Augenblicken bei dem Fräulein gewesen. Ein Herzschlag hatte ihrem Leben ein Ende gemacht. Sie hatte immer damit gerechnet, daß sie ganz plötzlich scheiden würde, und soll sich in der letzten Zeit auch täglich auf die schwere Stunde vorbereitet haben.

Am 26. Mai 1848 – auch das war ein prächtiger und sonniger Tag – ward sie auf dem Meersburger „Frieden" beigesetzt. Efeu umrankt ihren Grabstein, der schmucklos und einfach ist. Er gibt ihren Geburtstag falsch an. Unter der siebenzackigen Krone, dem Wappen, dem Kreuz stehn die Worte:

„Anna Elisabeth von Droste-Hülshoff,
geb. d. 12. Januar 1797
gest. d. 24. Mai 1848.

Ehre dem Herrn."

Im Angesicht des schwäbischen Meeres und der Schweizer Berge schläft die Dichterin der westfälischen Heide. Sie hatte, als einst Todesahnung sie bedrängte, gesungen:

…„Dann Du, mein Leib, ihr armen Reste!
Dann nur ein Grab auf grüner Flur,
Und nah nur, nah bei meinem Neste,
In meiner stillen Heimat nur!"

Auch das ist ihr nicht erfüllt worden.

* * *

Wenn man dieses Leben ruhig bemißt, das hier nacherzählt und begleitet worden, so darf man sich der Erkenntnis nicht verschließen, daß es nicht nur, wie schon gesagt, in einem einzelnen Abschnitt, sondern doch auch im ganzen planlos und zerfahren verlaufen ist. Es macht nicht freudig – eher traurig. Wir sehen nicht, wie sich ein gottgebornes Talent mit der sittlichen Kraft verbindet und nach Ausbildung aller gegebnen Fähigkeiten strebend zu immer größeren Höhen ansteigt, von denen es dann freudig auf einen guten und weiten Weg zurückblickt – wir sehen fast im Gegenteil, wie alle sittliche Kraft darauf verwandt wird, Fähigkeiten zu unterdrücken. Und wenn die Droste trotzdem eine so große Dichterin geworden ist – der Gedanke, der ja törichte Gedanke will nicht weichen, was sie hätte werden können.

Levin Schücking, der sie am genauesten kannte und am sichersten beurteilte, hat seiner Braut einst über Annette geschrieben: „Ihr Talent steht weit über dem aller unserer lebenden Dichter... Ob sie einen großen Ruhm bekommt, weiß ich aber doch nicht; sie schreibt alle ihre Sachen so leicht hin, als ob es lauter Impromptus wären, und gibt sich nicht die Mühe, das zu schaffen, was sie schaffen könnte." Kurz vorher heißt es: „Nur hat *eine ganz verkehrte, ganz aristokratische Erziehung alle ihre Talente an der Entwicklung gehindert.*"

Hier ist man im Mittelpunkt des Droste-Problems. Man kann es nicht scharf genug sagen, daß Annette im ganzen ein Opfer ihres Standes geworden ist, ein Opfer der umgebenden Verhältnisse und der adligen Traditionen. Es war damals – vor 1848 – einem Edelfräulein Leben und Streben absolut vorgeschrieben, noch dazu einem Fräulein aus streng katholischer Familie. Sie stand unter Aufsicht der Familie, bis sie heiratete; heiratete sie nicht, bis an ihr Lebensende. Sie bekam ihre Rente und brauchte nicht zu sorgen. Sie hatte zu glauben, fromm zu sein, untadelig zu leben und der Familie keine Verlegenheiten zu machen. Dichten, Malen und Musizieren war erlaubt, aber es durfte keinesfalls zu energisch oder gar berufsmäßig betrieben werden. Das war nicht fein und widersprach der Tradition.

In solche Verhältnisse war Annette gestellt. Pflicht und Neigung stießen überall schroff zusammen. Ein Ausgleich war nicht möglich. Das Fräulein mußte die Tradition, die Familie opfern oder sich. Sie mußte Pflichten verletzen oder Neigungen verkümmern lassen. Sie hat das letztere gewählt. Im „Abschied von der Jugend" singt sie:

„So an seiner Jugend Scheide
Steht ein Herz voll stolzer Träume,
Blickt in ihre Paradiese
Und der Zukunft öde Räume;
Seine Neigungen, verkümmert,
Seine Hoffnungen, begraben,
Alle stehn am Horizonte,
Wollen ihre Tränen haben!"

Sie hat recht, wenn sie sich einen „geduldigen Märtyrer der Treue" nennt.

Ein „Märtyrer der Treue" gegen die Familie, gegen die Tradition ist sie gewesen. Immer wieder hat sie in ihren Gedichten auch der Treue gedacht und ein Herz, in dem eine „Treue modert", unrein gescholten.

Wie bitter die Kämpfe gewesen sind, in denen sie sich dieser Treue opferte, können wir nur ahnen. Sie haben jene „Starrheit" der Droste heraufgeführt, die viele schon gefühlt haben. Ihr Verstand hat sich gegen die Fesseln eines zu eng gezognen Dogmenglaubens aufgelehnt – sie hat „starr" zum Kreuze aufgeblickt, und dem Glauben, den ihr Herz und Verstand nicht halten konnten, krampfhaft mit dem Willen festgehalten. Sie hat sich mit eben diesem Willen an die Familie, an die Tradition gebunden. Aber sie hat nie ganz die höchste Harmonie, den letzten Ausgleich der Gegensätze erreicht. Oder vielmehr, als sie ihn erreichte, in der letzten Zeit, da war eben ihr Ringen beendet und alles niedergekämpft, was sie von der Familie trennte: da war eben die Dichterin tot. Das wilde Herz war zahm geworden.

Wer genau hinhorcht, hört in Annettens Versen wohl hier und da den wilden Freiheitsruf, den Schrei. Die unterdrückte, misshandelte Natur empört sich. Die „peinliche Sittsamkeit", die das Fräulein ihrem Ebenbild in „Bei uns zu Lande auf dem Lande" zuschreibt, weicht; die Feuerseele rüttelt an den Schranken, die hundertmal beschnittene und zurückgedämmte Wildheit will losbrechen. Dann grüßt sie jubelnd den Sturm „gleich einer Mänade" und läßt ihn in ihrem offnen Haare wühlen; dann will sie mit dem tollen Gesellen zwei Schritte vom Abgrund auf Tod und Leben ringen, dann möcht' sie sich in die tobende Meute der Wogen stürzen, im kämpfenden Schiffe sitzen, wie eine Seemöwe über brandende Riffe streifen. Oh „wär' ich ein Mann", schreit sie wohl auf, – „so würde der Himmel mir raten". Doch

„Nun muß ich sitzen so fein und klar,
Gleich einem artigen Kinde,
Und darf nur heimlich lösen mein Haar
Und lassen es flattern im Winde."

Ja, sie hatte immer „artig" sein müssen – ihr ganzes Leben hindurch. Als kleines Mädchen war sie nur „heimlich" barfuß durch den Park gelaufen. „Heimlich" hat sie später sich ihrem „Hinausweh" und verbotnen Gedanken hingegeben; „heimlich" das Haar gelöst, „heimlich" mit Schücking korrespondiert. In solchen Augenblicken hat sie die brave Mittelmäßigkeit ihrer Angehörigen, des guten Schlüterchens wohl erkannt.

„Ein braver Bürger bist Du, hoch zu ehren,
Ein wahrer Heros auf der Mittelbahn,
Doch, oh mein Flammenwirbel, mein Vulkan...!"

In solchen Augenblicken hat sie frei herabgesehn auf das „Nestchen im Ofenloch", das die brave Henne hat, und bekannt: „Viel lieber Adler noch, viel lieber Adler mit gebrochnen Schwingen". Und Adler, Falke, Weih, Geier, Möwe – das sind die in ihren Versen immer wiederkehrenden Lieblingsvögel – die großen, stolzen, freien. Die kleinen, freundlichen Sänger treten auffällig davor zurück.

Man möchte dann wohl grollen und rechten mit ihr, daß sie der großen Sehnsucht nicht gefolgt ist, daß sie die Ketten nicht gebrochen, daß sie nicht einmal versucht hat zu kämpfen, sich Spielraum zu verschaffen für ihr Talent. Weshalb hat sie es nicht getan? Äußere und innere Gründe sprachen da mit. Daß sie als Weib geboren ward, war das erste Unglück. Über die Stellung der Frau zu dieser Zeit braucht nicht geredet zu werden. Sie war wirklich, auch in einem weiteren Sinne, der „zu früh geborene Dichter", der (ganz wie in ihrem Gedicht) zwar den „steten Drang – hinauf! hinauf!" hatte, aber sich nicht betätigen konnte, der an der Weide hochklettern mußte, weil „ringsum keine

Palme" war, der sich in glühenden Träumen verzehrte und „eine werte Zeit" vertrödeln mußte. „Weh mir, ich bin zu früh, zu früh geboren!" Sie konnte sich als Frau ihr Leben nicht selber schaffen, wie sie als Mann es doch vielleicht getan hätte. Eine Heirat hätte sie wohl freier gemacht. Die alte Jungfer jedoch blieb ganz in Abhängigkeit von der Familie. Und das Band, mit dem die Tradition sie hielt und das vielleicht zu lockern oder zu durchreißen gewesen wäre, ward stärker und fester geschnürt durch die mütterliche Erziehung. Es war nicht das eigentlich Tragische, daß Annette vielfach in einem inneren Gegensatz zu ihrer Familie stand – sondern daß dieser Gegensatz in ihr selbst war.

Sie hätte deshalb durch einen Bruch mit der Familie nicht viel gewonnen. Denn in ihr selbst, im eignen Herzen standen sich die Kämpen gegenüber: hier Tradition, Pflicht, Adelsstolz, die ganze Korrektheit und Gemessenheit eines katholischen Freifräuleins – dort die ursprüngliche Wildheit des Herzens, die Freiheitssehnsucht, die alle Schranken überfliegende Phantasie der Dichterin. Aber während das Freifräulein Sukkurs hatte von ihrer ganzen Umgebung, war die Dichterin mutterseelenallein und hatte nur eine kurze Zeit in Schücking einen Helfer. In dieser Zeit siegte auch der Adler in ihr, der sich sonst scheu duckte. Ja, scheu – denn es war ja durch die Erziehung und die Verhältnisse soweit gekommen, daß sie selber fast als Sünde betrachtete, was in ihr wagte und hinauswollte.

In einem Gedichte, „Auch ein Beruf" ist es betitelt, hat sie sich einst ausgesprochen. Sie redet von sich und einer Freundin:

„Das Schicksal würfelt mit uns beiden,
Wir sind wie herrenloses Land.

Von keines Herdes Pflicht gebunden,
Meint jeder nur, wir seien grad'
Für sein Bedürfnis nur erfunden,
Das hilfbereite fünfte Rad.
Was hilft es uns, daß frei wir stehen,
Auf keines Menschen Hände sehen?
Man zeichnet dennoch uns den Pfad.

O hätten wir nur Mut zu walten
Der Gaben, die das Glück beschert!
Wer dürft' uns hindern? wer uns halten?
Wer kümmern uns den eignen Herd?

Wir leiden nach dem alten Rechte,
Daß, wer sich selber macht zum Knechte,
Nicht ist der goldnen Freiheit wert.
[...]
Nicht würdig sind wir beßrer Tage,
Denn wer nicht kämpfen mag, der trage,
Dulde, wer nicht zu handeln weiß."

So würde sie gern den Stab brechen „ob all den kleinen Tyrannei'n". Aber gleich duckt sie sich wieder: sie will nicht enttäuschen, was sich ihr vertraut hat, und still und zufrieden sein... weitertragen und weiterdulden.

Denn nichts, sagt sie im „Geistlichen Jahr", reißt des Blutes Fäden los. Sie selbst hat wie das fünfzehnjährige Mädchen in „Junge Liebe", nie ein anderes Band als das des Blutes" kennen gelernt. Und „halt fest!" ruft sie sich selber zu – halt fest an dem Freunde, dem Glauben, dem Blute. „Wer möcht' sein Blut mit fremdem Ichor tauschen!" Von sich selbst konnte sie sagen, was sie dem zu früh gebornen Dichter nachsagte:

> „Einmal erfaßt – dann sicherlich
> Hielt er, auf Tod und Leben."

Es war ihr besonderes Unglück, daß die Familie, an der sie festhalten mußte, so gar kein Verständnis für Poesie, überhaupt für höhere geistige Tätigkeit hatte. Schlimmer als die Einsamkeit von Rüschhaus ist die große Seeleneinsamkeit gewesen, in der Annette dahinlebte. Sie selbst, die niemals über ihre Angehörigen klagte, konnte doch ab und zu einen Seufzer nicht unterdrücken. Eigentlich hat sie durch ihr poetisches Schaffen immer nur große und kleine „Unannehmlichkeiten" von seiten der Verwandten erfahren, und gerade diejenige Provinz und Bevölkerung, die heut am liebsten Annette für sich allein reklamierte, hat sich am längsten vor ihr verschlossen. Nach ihren eignen Worten hat sie in Westfalen immer noch „die Rolle des begossenen Hundes" gespielt, als sie draußen im Lande schon längst geschätzt war. Die „Preußen" standen auf ihrer Seite; ihre katholischen Landsleute, der Adel voran, wollten nichts von ihr wissen. Nach Schückings Meinung ist der protestantische Pfarrer Reuchlin der erste Mann gewesen, der „die Bedeutung der Dichtergabe Annettens, welche ihrer Umgebung noch völlig verschlossen war, ahnte". Und damals war die Dichterin ungefähr fünfundvierzig Jahre alt!

Ihr zerfahrnes Schaffen erklärt sich so leicht. Als Schücking die Meersburg verlassen hatte, schreibt sie: „Ich habe... keine rechte Freude an der einsamen Begeisterung; es rollte doch anders, wie wir jeden Abend voreinander triumphierten..." Es geht ihr ähnlich mit ihren Sammlungen: sie machten ihr selbst nur Freude, wenn sich andre dran ergötzten. Die vergrabnen Schätze konnte sie nicht leiden. Und weil sie eben in ihrer nächsten Umgebung niemanden hatte, dem ihre Verse ein wirklich tieferes Herzensinteresse abnötigten, so dichtete sie sich, ohne es aufzuschreiben, heimlich selber etwas vor – das war auch bequemer. Nur wenn sie von außen einen Anstoß erfährt, nimmt sie sich zusammen. So kommt es zu diesem seltsamen, ruckweisen Schaffen, das in den besten Jahren aussetzt. Als sie Sprickmann gefunden, erblühen rasch hintereinander alle ihre Jugendschöpfungen; als Schlüter an den geistlichen Liedern sein Interesse bewies, wird das „Geistliche Jahr" vollendet; als Schücking in ihren Weg tritt, entsteht eine überraschende Zahl der herrlichsten Gedichte. Es muß sie nur jemand ermuntern.

Und wie wenig muß sie ermuntert worden sein! Sie durfte ihr Feld nicht pflügen, wie sie wollte – die Poeterei sollte ja nur dilettantisch betrieben werden, sollte ein paar langweilige Stunden ausfüllen. So blieb immer etwas Dilettantisches in Annettens Schaffen. Sie ist trotz allen Korrigierens doch nie zu ernster Arbeit, zu dem bittren Ringen des Künstlers fortgeschritten, der keinen Stoff läßt, ehe er ihn völlig bezwungen. Die Droste warf einfach beiseite, was ihr auf den ersten Anhieb nicht gelang. Daher die vielen Fragmente. Man hatte ihr die ernste Arbeit verwehrt; schließlich war sie selber zu bequem dazu geworden. Und Schücking hat nicht nur mit der hohen Wertung ihres Talentes recht behalten, sondern auch mit dem leisen Zweifel an dem entsprechenden „großen Ruhm". Denn wohl wird das Fräulein viel gefeiert, aber man kann bis heut nicht sagen, daß es viel gelesen wird. Ich teile auch nicht die Hoffnung ihrer größten Bewunderer, daß sich darin etwas ändern könnte. Wir leben gerade jetzt in einer

vielleicht sich schon abwärts neigenden literarischen E-
poche, die alles das, was die Dichterin Annette besaß,
forderte und sehr hoch einschätzte, die andrerseits alles,
was dieser Dichterin mangelte, verhältnismäßig niedrig
taxierte und nicht vermißte. Wenn, wie das nach natürlichen Gesetzen eintreten muß, über kurz oder lang das entgegengesetzte Prinzip sich zur Geltung bringt, wird die
Droste, so sicher ihre literarische Stellung ist, naturgemäß
keine sich steigernde, sondern eher eine geringere Ein-
schätzung erfahren, bis ein späteres Geschlecht wieder
einmal das charakteristische Element in der Lyrik gegenüber dem formalen zur Geltung gebracht hat.

Man kann, um Annettens poetische Art und Eigentümlichkeit zu charakterisieren, von ihrer Kurzsichtigkeit ausgehn. Wir wissen, daß sie viel allein war und stundenlang
durch die westfälische Heide wanderte. Es nimmt nicht
wunder, daß sie niemals größer ist, als wenn sie diese
westfälische Heide zeichnet. Und wie sie es tut, das hängt
eben eng mit ihrer Kurzsichtigkeit zusammen. Es ward ja
schon erzählt, daß ihr seltsam gebildetes Auge auf wenige
Schritte Entfernung nur noch verschwimmende Linien sah,
in nächster Nähe dagegen etwa die Infusorien im Wasser
zu erkennen vermochte. Dementsprechend vermißt man in
ihren Dichtungen oft Weite und Horizont, wird aber durch
eine Überfülle der feinsten „Particuliaretés" entschädigt.
Man ist, so oft man zu ihren Gedichten zurückkehrt, ver-
blüfft darüber, wieviel sie auf dem kleinsten Raume sieht.
Ihrem Auge, und ebenso ihrem Gehör, offenbart sich gerade das sonst Übersehene oder Überhörte. Ein Grashalm ist
für sie eine Welt für sich. Das Summen einer Fliege hat
seine Bedeutung. Sie kann sich in solchen Einzelheiten,

die hin und wieder wie Offenbarungen wirken, nicht genug tun. Sie kommt dadurch zu einer unerhörten Bildkraft, zu einem in der Lyrik bis dahin noch nicht dagewesenen Realismus. Man braucht sich etwa die beiden Prachtstücke aus den Heidebildern: „Die Jagd" oder „Die Krähen" anzusehn. Da heißt es im ersten:

„Man hört der Fliege Angstgeschrill
Im Mettennetz, den Fall der Beere,
Man hört im Kraut des Käfers Gang –"

Immer mehr Particuliaretcés werden gegeben: die Schilderung der Kühe ist so grandios und verblüffend – man muß dieses Wort wiederholen –, daß sich nichts damit vergleichen läßt. Wie sie den Thymian rupfen, das Euter am Wacholder streifen, wie sie schnauben, mit dem Schweif die Fliegen peitschen und langsam, den gefüllten Bauch schüttelnd, fortgrasen, wie die kranke Stärke träg herbeischaukelt und hustet – dergleichen ist in Versen noch nie so gesagt worden. Oder man merke auf die Schilderung im „öden Haus":

„Das Dach, von Moose überschwellt,
Läßt wirre Schober niederragen,
Und eine Spinne hat ihr Zelt
Im Fensterloche aufgeschlagen;
Da hängt, ein Blatt von zartem Flor,
Der schillernden Libelle Flügel,
Und ihres Panzers goldner Spiegel
Ragt kopflos am Gesims hervor."

Dieses Spinnweb' im Fensterloch, in dem der Rest einer Libelle hängt, sieht die Droste. Die vier Zeilen, in denen sie es schildert, sind ein kleines Wunder an Feinheit und

Plastik, das keiner ihr vor- und keiner ihr nachgemacht hat. In überreicher Zahl findet man ähnliches in ihren Versen. Sie hat eigentlich dieses Kleinste und Speziellste, das Allerintimste der Natur für unsre Dichtung erst entdeckt. Sie hört das Nagen der Raupe im Laub, sie hört den Käfer kriechen, sie sieht die Wasserspinne langbeinig auf den Wellen tanzen, sie hört das leise Pfeifen der Maus – diese Frau hat darin Indianersinne!

Aber um dieses kleinste und feinste Weben der Natur darzustellen, um die Nuance geben zu können, mußte sie auch die Sprache nuancieren. Die allgemeine, ein wenig abgebrauchte Dichtersprache war ihr zu plump oder jedenfalls nicht speziell genug. Ein Wort wie Tönen oder Klingen mit seiner Allgemeinheit konnt' sie nicht oft brauchen. Und wie ihr Auge den kleinsten Raum, ihr Ohr das zarteste Geräusch zerlegte, so zerlegte sie gleichsam auch das allgemeine Grundwort. „Klingen" teilt sich ihr etwa in klirren, knirren, klingeln, knistern, rieseln, rispeln, schwirren, schrillen, wispern, quitschern usw. So ist sie ferner in den Jungbrunnen der Volks- und Dialektsprache hinabgetaucht, um das charakteristische, einzig bezeichnende Wort zu erwischen, und man könnte ein kleines Wörterbuch aus den von ihr selbst gebildeten oder von ihr in die Dichtung eingeführten Ausdrücken zusammenstellen. Dadurch ist ihr Sprachschatz außerordentlich reich geworden – er übertrifft gewiß den jedes andern deutschen Lyrikers –, aber dieser Vorzug erschwert es auch dem harmlosen Durchschnittsleser, der Dichterin nahezukommen. Denn selbst der Germanist stutzt vor manchem Worte und muß sich im Grimmschen Wörterbuche Rat holen. Es kommt ferner aus einem anderen Grunde noch zu den vielberedeten Droste-schen „Dunkelheiten".

Die Dichterin, die das kleinste mit solcher Schärfe sieht, verliert leicht das Unterscheidungsvermögen. Sie gesteht selbst zu, daß es ihr nicht gegeben sei, Nebendinge gleich als solche zu erkennen. So geschieht es oft, daß sie völlig in diesen Nebendingen stecken bleibt. Dann reiht sie eine Unmenge kleinster Züge aneinander, deren jeder unter Umständen vortrefflich ist, aber sie schließen sich nicht zusammen. Die Überfülle von Bildern erstickt das Bild. Die „Particuliaretés" zerstören das Ganze. Das ist fast allen größeren Dichtungen der Droste gefährlich geworden. Sie bleiben in der bloßen Schilderung stecken; sie sind künstlerisch unfertig. Nicht nur im „Hospiz", auch in der „Schlacht im Loener Bruch" ist das auffällig. Künstlerisch wiegt das Gedicht „Die Krähen" schwerer als die große Schlachtdichtung. Mit der Schärfe des Blicks eint sich nicht die Weite. Die Droste kann nichts durchhalten. Es ist ihr eigentlich auch nie eine Person die Hauptsache – immer eine Sache, eine Landschaft. Aus dem geplanten „Christian von Braunschweig" wird „Die Schlacht im Loener Bruch"; aus dem geplanten „Barry" das „Hospiz auf dem Sankt Bernhard"; aus „Friedrich Mergel" wird die „Judenbuche". Der titelgebende Redakteur hat gefühlt, daß nicht der „Held", sondern das Milieu die Hauptsache ist. Jeder Stoff, den Annette ergreift, zerläuft ihr eigentlich. Und wenn sie auch das Radikalmittel des Streichens anwandte, weil sie selbst ihre Neigung zur Weitläufigkeit kannte – das half zwar gegen allzu große Längen, verwischte aber die einmal gegebne Art nicht.

Das ist der große Mangel an künstlerischer Form, der sich – mit Ausnahme der besten Gedichte – in allen Schöpfungen Annettens zeigt, selbst in der vortrefflichen „Judenbuche". Und ob er zu einem Teile auch aus der eigentümlichen Begabung selbst resultiert – zu einem andern Teile beruht er doch darauf, daß die Droste sich, wie Schücking eben sagt, nicht die Mühe gab, das zu schaffen, was sie hätte schaffen können. Sie versuchte eine ihr charakteristisch vor Augen stehende Situation zu fassen, sie hatte vielleicht auch den charakteristischen Ausdruck dafür, aber wollte er sich nicht deutlich und rein in den Vers fügen, dann opferte sie nicht etwa der Klarheit zuliebe einen Teil des charakteristischen Gepräges, sondern sie gab lieber die Verständlichkeit preis. Kein Zweifel, daß sie beides bei energischer künstlerischer Arbeit hätte verbinden können, wie es ja auch in vielen Gedichten geschehn ist. Aber es wäre ihr nie auch nur im Traum eingefallen, es etwa Heine nachzutun, der, wenn es not tat, Tage und Nächte an einem seiner kleinen Liedchen feilte, oder Storm, der unter Umständen auch wochenlang nach dem Ausdruck dessen, was ihm vorschwebte, suchte.

Man hat wohl gesagt, diese „Dunkelheiten" gehörten zum Drosteschen Stil. Schücking erzählt: „Ich habe viel mit ihr (Annette) darüber gesprochen und meinen Wunsch nach emsigerer Feile geltend zu machen gesucht. Heute würde ich es nicht mehr, weil die Form viel mehr zum charakteristischen Wesen dieser unvergleichlichen Poesie gehört, als ich damals einsah. Auch drang ich mit meinen Wünschen wenig durch. *Sint ut sunt!* sagte selbstbewußt die Dichterin." Aber das ist doch ein Verkennen dessen, was eigentlich bemängelt wird. Eine glatte, polierte Droste wäre allerdings keine Droste mehr; daß sich aber Kraft, Herbheit, Knorrigkeit mit Klarheit vereinen lassen, bedarf keines Wortes.

Auch Storm ließ über ein zu glatt geratnes Gedicht die Raspel gehn. Und Annette zeugt, wie gesagt, mit vielen Schöpfungen selbst wider sich. Hier ist sie ganz die Frau, der sich wohl, wie Treitschke sagt, das Geheimnis der künstlerischen Komposition noch nie entschleiert hat. Aber soviel ist richtig, daß die künstlerischen Mängel der Droste in enger, wenn auch nicht notwendiger Verbindung mit ihren dichterischen Vorzügen stehn. Lieber ungelenk, als glatt und platt! Sie hatte eine förmliche Angst vor dem Verbrauchten. Sie war unglücklich, als sie, an einer eignen Novelle arbeitend, eine fremde mit ähnlichem Stoffe fand. Sie mochte bei den römischen Poeten die stehenden Vergleiche, die unabwendbaren Adjektiva nicht leiden: daß der Reif immer *cana*, die Äpfel immer *roscida* usw. waren, kränkte sie förmlich. Sie selbst vermied alles sogenannte „Poetische". Schücking sagt: sie würde ein störrisches Pferd lieber einen „bockenden Gaul" als ein „sich bäumendes Roß" genannt haben, und er hat seine Freundin damit vortrefflich charakterisiert, ob es der Zufall auch gewollt hat, daß gerade das „sich bäumende Ross" in Annettens Versen einmal auftaucht. Sie geht in dieser Vorliebe für den realistischen Ausdruck manchmal soweit, daß sie in Gefahr ist, wenn nicht manieriert, so doch prosaisch zu werden. Sie hat das selbst gefühlt, denn sie schreibt von einem Freiligrathschen Gedicht: „hier ist wirklich mitunter nur ‚gereimte Prosa', und wenn ich das finde, *die selbst so sehr nach dieser Seite neigt*, so muß es wohl auffallend sein." Aber sie litt „nicht die kleinste Pfauenfeder" in ihrem „Krähenpelz". Es mag mir, sagt sie, mitunter schaden, daß ich „so starr meinen Weg gehe; dennoch wünschte ich, dies würde anerkannt".

Es hängt mit diesem Realismus zusammen, daß sie ihrer starken Phantasie nur da einzuspringen erlaubte, wo sich ein Einhalt in der Wirklichkeit nicht mehr bot. Die einfache Wahrheit sei schöner, als die beste Erfindung – man erinnere sich, wie sehr sie bedauert, zu spät über die Akten gekommen zu sein, die das Material zur „Judenbuche" enthielten. Und als eine Freundin sie drängte, sich doch in mehr romantischer Art zu versuchen, etwa *à la* Brentano und Arnim, schreibt sie an Schlüter: „Sie wissen selbst, liebster Freund, daß ich nur im Naturgetreuen, durch Poesie veredelt, etwas leisten kann." Alles, was sie dichterisch verwertet, muß sie, „wenn auch unter andern Verhältnissen und in andern Formen, gesehn" haben. „So werden meine Personen immer Westfalen bleiben und sich, trotz aller Vorsicht, hier und dort individuelle Züge einschleichen, d. h. nicht gerade Geschehenes, aber manches, wobei einem dieses oder jenes Individuum unwillkürlich einfällt." Und so ist sie selber auch speziell eine westfälische Dichterin geworden, und unter ihren Schöpfungen behaupten die auf Heimatsboden stehenden den ersten Rang.

In einer Zeit, die vom Poeten die charakteristische Note verlangt und ihn auf Realismus, Heimatskunst usw. festlegen möchte, übersieht man leicht, daß die Droste zu ihrer Zeit fast allein stand. In ihren Jugendjahren herrschten Klassizismus und Romantik; später stellte sich die jungdeutsche Zeit- und Streitliteratur der alt gewordenen Romantik entgegen. Es sind deshalb auch nicht eigentlich deutsche Dichter gewesen, von denen Annette gelernt hat.

Den ausschlaggebenden Einfluß übten vielmehr die Engländer auf sie aus, die Lakisten. Man hat sie oft mit Byron zusammen genannt – nicht ganz mit Recht. Der Poet, der sie am meisten bestimmt hat, ist Walter Scott. Es gibt leider noch keine Untersuchung darüber, wieweit dieser Einfluß geht. Aber er wird fraglos ungeheuer viel stärker sein, als man bisher annimmt. Es konnte auf den ersten Blick scheinen, als hätte das einsame Edelfräulein die Poesie gleichsam aus sich selbst erfunden – so allein stand sie mit ihrer Art. Aber man wundert sich nicht mehr, wenn man von Walter Scott zu ihr kommt. Daß sie ihn viel gelesen, eine Zeitlang ganz in ihm gelebt, weiß man aus einem Briefe. Sonst würden auch ihre Verse, in denen Scotts Name oder gar Personen seiner Romane erwähnt sind, dafür zeugen. Zum Beweise, wie weit die Ähnlichkeiten zwischen der deutschen Dichterin und dem schottischen Poeten gehn, sei nur einiges angeführt.

Wie Annette ist Scott das Kind eines Landes voll weiter Moore und Heiden, in dem der Klerus die ausschlaggebende Rolle spielte – es gab eine Zeit, wo er die Hälfte alles Grundbesitzes in Händen hatte. Schon als Knabe sammelte Scott mit Feuereifer alte Volkslieder und Balladen, wie es auch die Droste für die Grimms und für ihren Onkel tat. Für den hochkonservativen schottischen Dichter war ebenso wie für die hochkonservative Westfälin das Geschlecht, die Tradition, die Familie die Hauptsache. Das Familiengefühl war in beiden so ausgeprägt, daß sie auf dem Altare der Verwandtschaft alles opferten. Wie Annette die strenge Katholikin, die ihr Bekenntnis für das weitaus beste hielt, so war Scott der strenge Protestant, der alles Katholische, den „schrecklichen Aberglauben der Papisterei", mit Abscheu verdammte. Beide finden sich in dem Franzosenhaß. Wenn man ihre Dichtungen vergleicht, so fällt einem zuerst die ungeheure Breite, die Weitläufigkeit auf. Sie können sich im Detail nicht genug tun. Wundervoll sind die „Particuliaretés", die sie geben. Annette konnte nur brauchen, was sie gesehn; Scott reiste in jede Landschaft, die er schildern wollte. Beide schaffen ihr Höchstes, wenn sie sich an das rein Nationale halten. Da triumphieren ihre Schilderungskraft, ihr nüchterner Realismus, ihre kräftige Anschaulichkeit. Scott schreibt poetische Erzählungen, die besonders durch ihre wundervollen Naturschilderungen wirken. Er macht historische Studien, greift in die Vergangenheit, trifft den Ton der Zeit prächtig. Seine Schlachtenschilderungen werden berühmt. Wort für Wort gilt hier für Annette. Man denke an die „Heidebilder", in „Die Schlacht im Loener Bruch". Wenn man Scotts „Jungfrau vom See" gelesen, überraschen die größeren epischen Dichtungen der Droste nicht mehr. Man hat dem schottischen Dichter den Vorwurf gemacht, daß er auch Schmuggler und Räuber preise, wenn er Mut und Kühnheit bei ihnen fände. Byron hat gespottet, daß sein Lieblingsheld ein Gemisch von Wilddieb, Räuber und gemeinem Schuft sei. Man vergleiche die Sympathie Annettens mit einem Christian von Braunschweig, mit den Blaukitteln usw. Beiden, dem Schotten und der Westfälin, ist es nie recht gelungen, das Seelenleben des einzelnen Individuums tiefgreifend darzustellen. Sie waren glänzende Charakteristiker, aber nicht eigentlich Psychologen. Um die psychologische Aufgabe in der „Judenbuche" geht Annette herum. Aber – doch es mag ein Wort von Georg Brandes zitiert sein, das er über Scott sagt und das er von Annette gesagt haben könnte: „Dieser Dichter, dessen Blick für das Seelenleben der einzelnen modernen Menschen nicht tief war und welcher der modernen individualistischen Zeit gegenüber auf mancherlei Weise durch nationale, monarchische und religiöse Vorurteile gebunden und befangen erschien, besaß kraft seines gewaltigen Naturalismus, sobald er die Menschen als Volk, als Stamm oder Rasse vor sich sah, den schärfsten Entdeckerblick für die Natursubstanz in ihnen." Wer denkt hier nicht an die Beschreibung der Sitten und Bräuche des westfälischen Stammes durch die Droste? So hat Scott die schönen Sitten der Schotten geschildert, gerade ihre Gastlichkeit. (Siehe Annettens Gedicht „Ungastlich oder nicht?") Er hat auch, wie man weiß, der Geschichtsschreibung gewaltige Anregungen gegeben. Hüffer bemerkt von der „Schlacht im Loener Bruch", jeder Historiker könne von Annette lernen.

Es ist verständlich, daß bei beiden Dichtern sich das Milieu, der Schauplatz, die Umgebung gewaltig in den Vordergrund schieben mußten. So breit und schwer, daß es den Helden erdrückt. Wer denkt, wenn er sich des „Hospizes" erinnert, an Benoit oder gar an Barry, und wer vor dem „Loener Bruch" an Christian? Und kann man in diesem Sinne nicht auch von der Droste sagen, daß sie „Massenwirkungen" gibt, wie man es von Scott gesagt hat? Daß das Individuum nicht die Hauptsache sei, sondern hinter dem Geschlecht, dem Volk, der Landschaft verschwinde?

Und ein weiterer sehr charakteristischer Zug: dieselben Dichter, die durch ihren kräftigen Realismus, ihre ungeheure Anschaulichkeit, durch Verwertung des Details, durch ihre feste Nüchternheit wirken, haben den gleichen Hang zum Grausigen, das gleiche Vergnügen an Geister-

und Gespenstergeschichten, das bei beiden aber nicht etwa einer romantisch-mystischen Geistesrichtung entspricht, sondern ihnen gleichsam von der Landschaft mitgegeben ist, von dem Stamm, dem sie angehören – ein „volkstümliches" Element, wenn man so sagen darf. Schottland hat seine „Vorkieker" so gut wie Westfalen. Annette nennt eine ihrer Vorkieker-Balladen in Briefen immer „das *Second Sight*"; an Elise von Hohenhausen schreibt sie auch extra, daß die Franzosen da nicht mitkönnten. „Hier ist unser Reich, was wir nur mit den Engländern und Schotten teilen." Sie bezweifelte solche Gespenstergeschichten nur halb, stand aber doch, ebenso wie Scott, darüber: sie hatte Vergnügen am Gruseligen. Man mag endlich noch daran denken, daß Schücking ihr ein gar zu leichtes und müheloses Niederschreiben ihrer Werke zum Vorwurf machte; Scotts Schnellschreiberei ist ja berühmt geworden. Und beide gleichen sich schließlich auch in ihrem auffallend kühlen Verhältnis zum andern Geschlecht. Wir wissen von beiden nur, von dem Fräulein wie von dem „keuschen, leidenschaftslosen" Scott, daß sie eine Jugendneigung hegten, die sie so vollkommen verschlossen, „daß niemand etwas davon ahnte".

Das sind der Parallelen überviel. Und wenn man wohl die meisten auch daraus erklären wird, daß verwandte Bedingungen eben auch verwandte Resultate ergeben – es bleibt genug übrig, was von einer Beeinflussung des westfälischen Fräuleins durch den schottischen Dichter redet. Ein Einfluß, der nicht so verwunderlich ist, wenn man sich der damaligen europäischen Begeisterung für Sir Walter erinnert, der Poeten aller Länder befruchtet hat, und nicht zuletzt deutsche. Man denke nur an Willibald Alexis und Wilhelm Hauff.

Durch Konstatierung dieses Einflusses wird auch das literarische Verdienst der Droste nicht angetastet. Anregungen als fruchtbar zu erkennen, aufzunehmen und selbständig auszubilden, ist unter Umständen ebensoviel, wie Anregungen zu geben. Dieselbe Dichterin, die als Persönlichkeit in manchen feudal-romantischen Vorurteilen befangen war, hat doch auch dazu beigetragen, der alt gewordnen Romantik in der Dichtung den Boden zu untergraben. Neben Karl Immermanns köstlichen „Oberhof" setzte sie eine zweite westfälische Geschichte voll Kraft und Kernigkeit: die „Judenbuche". Nur wenige Jahre trennen beide Werke; aus der gleichen Provinz stammen sie; beide bewegen sich im Gegensatz zu der herrschenden Zeitströmung, denn in beiden ist bäurischer, also antiliberaler, aristokratischer Geist. Annette nennt den Bauer einen Aristokraten, sie spürt selbst „eine starke Bauernader" in sich, sie kennt, „da ich zwischen Bauern aufgewachsen bin", den Stand am besten und erholt sich bei dem Volke von „der geistreichen Taktlosigkeit des modernen Bürgerstandes". Sie stimmt ganz mit Immermann darin überein. Und wie von Immermanns „Oberhof" eine gerade Linie zu Gottfried Kellers „Dorfgeschichten" führt, so führt von der Droste Gedichten eine gerade Linie über Theodor Storm zu Liliencron. Man sieht das lebendige Weiterwirken. In der ganzen Literatur des neunzehnten Jahrhunderts hat sich kein Prinzip segensreicher erwiesen, als das des poetischen Realismus, dessen Banner Annette getragen hat. Und das zarte, ewig an ihren Nerven leidende

Meersburg.
Links im unteren Turm befand sich die Wohnung der Dichterin. Originalzeichnung.

Fräulein zeichnet manchmal mit einer Kraft und Energie, daß man an Kleist erinnert wird, und sie nicht um eine Linie hinter Immermann und Keller zurückbleibt. Man braucht etwa in der „Judenbuche" nur die Gestalt der Frau Margret anzusehn. Als es draußen an ihre Fensterläden klopft, und sie glaubt, ihr Mann, wie immer total betrunken, würde ihr auch jetzt von Leuten ins Haus geschleppt, hat sie nur die Worte: „Da bringen sie mir das Schwein wieder!" Aber als der Mann, der sie zehn Jahre unglücklich gemacht hat, nun in der Dunkelheit verunglückt ist, wird sie weiß wie Kreide: „Zehn Jahre, zehn Kreuze. Wir haben sie doch zusammen getragen, und jetzt bin ich allein!" Das ist alles. Sentimentalität gibt es da nicht; der heulende Junge kriegt eine Ohrfeige. Die anderthalb Seiten, auf denen das erzählt ist, sind schlechthin klassisch.

Wenn man von Annettens außerordentlicher *Scharf*sichtigkeit ausgeht, um ihre *realistischen* Vorzüge und Mängel zu erklären – ihr wundervolles, aber auch überwucherndes poetisches Detail –, so kann man von ihrer großen *Kurz*sichtigkeit ausgehn, um zu einer zweiten, scheinbar entgegengesetzten Seite ihres Wesens zu gelangen: zu der *phantastischen*. Auf wenige Schritt Entfernung verschwammen ihr alle Linien. Sie hat – etwa neben „schrillen" – kein größeres Lieblingswort als „schwimmen". Ihre Kurzsichtigkeit setzte die Phantasie in Bewegung, die von jedem klaren Erkennen gebunden ward. So merkwürdig es klingen mag: bei normal ausgebildetem Gesichtssinn wäre die Droste eine andre geworden. Wir wissen ja, daß sie sofort die Phantasie ausschaltete, sowie sie die Wirklichkeit deutlich sah. Ein äußerer Mangel hat also, wie es ja nicht selten geschieht, ihre dichterische Eigentümlichkeit zum Teil bestimmt und geschaffen. Sie erzählt in einem Gedichte, daß sie von der Bank im Parke – von derselben, auf der sie Schücking immer erwartete – nach allen Seiten den Weg bestreichen kann und daß alles, was sie erfreut oder bekümmert hat, von drüben, aus diesem Wege, herangezogen kam. Aber fern am Damme steht ein wilder Strauch:

> „Oh, schmählich hat mich der betrogen!
> Rührt ihn der Wind, so mein' ich auch,
> Was Liebes komme hergezogen!
>
> Mit jedem Schritt weiß er zu gehn,
> Sich anzuformen alle Züge;
> So mag er denn am Hange stehn,
> Ein wert Phantom, geliebte Lüge."

Das entspricht ganz der Briefstelle an Schücking, nach der sie ohne Lorgnette nach Figels Garten hinüberschaut, um, wenn sich jemand naht, länger denken zu können, der Freund sei es. Und sie verdankt dieser Schwäche der Augen, die ihr von Fernerem nur einen großen Eindruck vermitteln, oft die wundervollsten Bilder. Die Linien erweichen sich; das harte sich vordrängende Detail, das Kleine und das manchmal Kleinliche, in das der Realismus sich leicht verstrickt, wird gedämpft, geht unter, verschwimmt. Wilhelm von Scholz hat mit Nachdruck darauf hingewiesen, eine wie bedeutende Impressionistin in dieser Hinsicht Annette war. In dem Gedicht „Der Heidemann" stehn vier Zeilen: der Hirt zieht mit der Herde durch die rauchende, nebelnde Heide:

> „Man sieht des Hirten Pfeife glimmen
> Und vor ihm her die Herde schwimmen,
> Wie Proteus seine Robbenscharen
> Heimschwemmt im grauen Ozean."

Das ist unbeschreiblich schön. Der graue Nebel; die Herde, die sich darin nicht mehr in die einzelnen, auch nicht einmal genannten Tiere teilt, sondern als Ganzes einherschwimmt im Heiderauch; ein Glimmen durch den Dunst: die Pfeife des Hirten – das hat erst die moderne Malerei dem westfälischen Edelfräulein nachzumachen versucht. „Rauchend zergeht die Fichte", heißt es in demselben Gedicht. Und vor allem mag man aus den vorher zitierten vier Zeilen ersehn, wie durch das Verschwimmen der Linien die Phantasie entfesselt wird und in ihr Recht tritt. Den westfälischen Hirten, der, bei hellem Sonnenlicht, sein Pfeifchen schmauchend, die Herde an ihr vorbeitreibt, hätte das Fräulein mit ihrem nüchternen kräftigen Realismus aufgefaßt – man denke an die Schilderung der Herde in der „Jagd" –; aber wo alles Einzelne im Nebel verschwimmt, tut die Phantasie königlichen Flug, und das prachtvolle Bild setzt ein: „wie Proteus seine Robbenscharen / Heimschwemmt im grauen Ozean".

Von hier aus wird man auch der Drosteschen Vorliebe für das Spukhafte näherkommen. Hat sie diese Vorliebe einerseits gleichsam als gut westfälische, im besonderen auch als väterliche Tradition übernommen, so hat das Unvermögen, auf eine kleine Entfernung etwas deutlich zu erkennen, ihr anderseits die Möglichkeit gegeben, sich eine Bewegung, ein Geräusch nach Lust und Laune auszulegen. Dazu tritt die immer in der Anlage vorhandene, durch Krankheit und Toteinsamkeit gesteigerte Nervenspannung. Ein plötzliches Geräusch, wie der Schall der Klingel, konnte dem Fräulein ja Herzklopfen verursachen. Sie selbst hat Kurzsichtigkeit und Gespensterglauben auch einmal in Verbindung gesetzt. Und man möchte manchmal meinen, daß in der großen Einsamkeit, in dem Rüschhaus, welches sie „einen der unveränderlichsten Orte" nennt, das „Gruseln" zu einem notwendigen Bedürfnis wurde. Jede natürliche Anregung durch das Leben war ausgeschlossen; da mußte die Phantasie herhalten und nicht gleich Erklärliches in geheimnisvolle, übernatürliche Gewänder kleiden. Es gab einen Hausspuk in Rüschhaus, der „eine weiße Timpmütze" aufhatte und aus- und einging. Annette glaubte an solche Spukgeschichten nicht ganz, aber sie zweifelte auch nicht ganz. Sie genoß sie mit feiner Wollust; sie brachten einen scharfen Reiz in ein reizloses, eintöniges Leben. Wie „der blonde Waller" in „Der Graue" machte sie „gern sich selber einen kleinen Graus". Denn „Angst ist fein" heißt es charakteristischerweise in „Des Arztes Vermächtnis". Aber es passierte ihr oft, daß auch sie so lange „wollüstig an des Grauens Süße" sog, „bis es mit eis'gen Krallen mich gepackt". Und in der Ballade „Der Fundator" ist es deutlich zu erkennen, wie Geräusche, deren Herkunft die Sinne nicht gleich ermitteln können, spukhafte Bedeutung erhalten, Grauen hervorrufen. Da „quitschert" eine Kutsche über den Kies – nein, es ist der Abendwind in den Föhren; da summt ein Sang im Ohr – horch, – aber nein, die Fledermaus schrillt nur! Dann klingelt es in den Tassen, es ist eine schnurrende Fliege, die sich darin verfangen hat. Aber das Grauen wächst mit jedem dieser Geräusche, die durch die dämmrige Einsamkeit ziehn. Und Annette kann mit einer jedes Sich-Wehren besiegenden Kraft den Leser oder Hörer in den Bann dieses Grauens ziehn, sei es, daß sie, wie im „Vermächtnis des Arztes", sich mehr an die unheimlichen Wirkungen hält und den sie verursachenden Umstand halb im Dunklen läßt, sei es, daß sie direkt den Gegenstand des Grauens schildert wie im „*Spiritus familiaris* des Rosstäuschers":

> ... „Phosphorlicht, wie's kranken Gliedern sich entwickelt:
> Ein grünlich Leuchten, das wie Flaum mit hundert Fäden wirkt und prickelt,
> Gestaltlos, nur ein glüher Punkt inmitten, wo die Fasern quellen,
> Mit klingendem Gesäusel sich an der Phiole Wände schnellen,
> Und drüber, wo der Schein zerfleußt,
> Ein dunkler Augenspiegel gleißt.
>
> Und immer krimmelts, wimmelts fort, die grüne Wand des Glases streifend,
> Ein glüher gieriger Polyp, vergebens nach der Beute greifend;
> Und immer starrt das Auge her, als ob kein Augenlid es schatte,
> Ein dunkles Haar, ein Nacken hebt sich langsam an des Tisches Platte" usw.

In solchen Schilderungen kann sich die Droste nicht leicht genug tun. Es ist bezeichnend, wie ihre Phantasie arbeitet, um immer neue unheimliche Attribute für den *Spiritus familiaris* zu finden. Sie gerät da zuletzt ins Pathologische und wühlt mit wollüstigem Grauen im Verwesenden. Sie erzählt von dem Kolk, der die Leichen nicht mehr herausgibt, von dem Kinde, das unten liegt, „wo Egel sich und Kanker jetzt / An seinen bleichen Gliedchen letzt". Sie erzählt im „Schloßelf" von dem Alten, der sich über den Weiher beugt:

> „Ihm ist, als schimmre, wie durch Glas,
> Ein Kindesleib, phosphorisch, feucht,
> Und dämmernd, wie verlöschend Gas;
> Ein Arm zerrinnt, ein Aug' verglimmt –
> Lag denn ein Glühwurm in den Binsen?
> Ein langes Fadenhaar verschwimmt,
> – Am Ende scheinen's Wasserlinsen!"

In der „Judenbuche" verrät sich der Leichnam im Baume durch den unerträglichen Geruch. In der „Mergelgrube" rieselt der Dichterin Sand auf Haar und Kleid, daß sie grau wird „wie eine Leich' im Katakombenbau", daß sie sich selbst wie eine Mumie mit dem Skarabäus vorkommt. Im Grase, in der süßen, taumeligen Ruhe, regt und streckt sich „jede Leiche" in ihrer Brust. Im „Hospiz auf dem großen Sankt Bernhard" muß der greise Benoit in einer Gruft Schutz suchen, wo all die Opfer des Berges liegen. „Ungeheures Grauen" faßt ihn, „als tret' er in das eigne Grab und sollt' die eigne Leiche schauen". Und die Phantasie, die er vergebens zu bezwingen sucht, fängt zu spielen an: er sieht die verzerrten Gesichter der Toten, „er sieht das große Augenband, das sinkend die Verwesung kündet", sieht wächserne Hände, sieht einen Leichnam in der Nische, den Hut auf dem Totenhaupt usw. An einer andern Stelle singt Annette von den Toten:

„Kalt ist der Druck von Eurer Hand,
Erloschen Eures Blickes Brand,
Und Euer Laut der Öde Odem;
Doch keine andre Rechte drückt
So traut, so hat kein Aug' geblickt,
So spricht kein Wort, wie Grabesbrodem."

Verse, die man eigentlich mehr bei Novalis suchen würde. Aber in der Toteinsamkeit fragte sich Annette manchmal, „ob ich lebend, ob begraben". Sie variiert den Gedanken viel. „Fast war es mir", singt sie in dem Gedicht „Im Moose", „als sei ich schon entschlafen", und als sie dann, „wie einer, der dem Scheintod erst entrann", auftaumelte, zweifelte sie noch immer,

> „ob der Stern am Rain
> Sei wirklich meiner Schlummerlampe Schein,
> Oder das ew'ge Licht am Sarkophage."

„Wie gestorben" sitzt sie „unter der Linde"; sie fragt sich, ob sie der erste Mensch oder der letzte sei.

Und die Toten kehren wieder: der vor hundert Jahren verstorbene Prälat; die Mutter, die allen sichtbar, in der bleichen Hand die Schlüssel, durchs Zimmer geht. Oder der Ritter schaut seinen eignen Leichenzug. Ein paar seltsame Vergleiche fallen auch hierher. Wenn man durch den Heiderauch wandert, glaubt man „durch halbgeformten Leib zu gleiten". Der Ruhm, der Mordgeselle, kommt „nur als Leichenhuhn geflogen". Man sehe sich ferner das merkwürdig Blutige an in allen Stoffen, die das Fräulein ergreift. Nicht nur in allen ausgeführten größeren Dichtungen und in den Fragmenten wie „Ledwina" wird in Blut und Wunden oder Schaurigem geschwelgt. Auch die Pläne reden eine deutliche Sprache. Als solche Pläne führt Annette auf: die „Wiedertäufer" – sie ließ den Stoff fallen, weil er selbst ihr zu „gräßlich" war –; ein Schauspiel, der „Galeerensklave" – hier redet der Titel schon eine deutliche Sprache; endlich eine Kriminalgeschichte, mit einem furchtbaren Räuber als Mittelpunkt, und ein größeres Gedicht, das die seltsame Entdeckung eines Mordes betrifft. Und fühlt man nicht förmlich das Vergnügen, mit dem die Droste das grimme Kämpfen der Heere im Loener Bruch geschildert hat? Oder die Wollust, mit der sie in prachtvoller Anschaulichkeit die alte Krähe von dem köstlichen Leichenschmaus erzählen läßt?

> „Kein Geier schmaust, kein Weihe je so reich!
> In achtzehn Schwärmen fuhren wir herunter,
> Das gab ein Hacken, Picken, Leich' auf Leich' –!"

Und dieses Wühlen in Blut und Wunden, in Tod und Verwesung ist psychologisch sehr interessant. *Es bedeutet Rache und Rückkehr der unterdrückten Natur.* Was sich im Leben nicht entfalten und betätigen konnte, was sorgsam unter dem Verschlusse der peinlichsten Sittsamkeit gehalten wurde, das Wilde in Annette, der Schaffens- und Betätigungsdrang, der ihr ganz unterbunden war – das ward in der Phantasie überspannt, ins Krasse gezerrt und in den dichterischen Schöpfungen der Phantasie niedergelegt. Man kann das an vielen Poeten der Zeit beobachten, nicht zum wenigsten an Freiligrath, der auf dem Comptoirbock Wüstenritte machte.

Vieles aber ist bei Annette doch Poesie der kranken Nerven. Man erkennt es am besten aus der Art, wie sie ihre eignen nervösen Erscheinungen auf die betreffenden Helden der Gedichte überträgt. Auf sie selbst paßt, was sie von Tieck sagt, daß sein „Nervensystem gewiß, wo nicht schwach, doch äußerst reizbar sein muß, weil er alle damit verbundenen Zustände von Halbwachen, Schwindel, seltsamen peinlichen fixen Ideen so genau darstellt". Annette erzählt in ihren Briefen oft, daß sie ein unerträgliches Klingeln im Kopfe hat. Und man kann verfolgen, welche große Rolle dieses „Klingeln" in ihren Versen spielt – etwa im „Hospiz". Ganz ebenso das „Halbwachen", der magnetische Schlaf: im „Vermächtnis des Arztes", in den „Verbannten", im „Sommertagstraum" begegnen wir ihm, und in einem andren Gedichte redet Annette ihn an: „O wunderliches Schlummerwachen, bist der zartern Nerve Fluch du oder Segen?" Doch häufiger ist das „Schwimmen im Kopf", das „schwimmende Gehirn": der meist durch Schrecken erregte Blutandrang nach dem Haupte. Das Psychologische spielt da, wie gesagt, doch stark ins Pathologische hinüber. Und wie Annette sehr vergnügt war, wenn in ihre Spukgeschichten etwa ein Eulenschrei hallte, so ruft sie, wenn sie in der Dichtung diese Saite anschlägt, die Natur gleichfalls zu Hilfe. Aber statt der Adler, Geier, Falken und Möwen beschwört sie dann die Eulen, Schlangen, Kröten und Unken.

An Bildern und Vergleichen ist sie überreich. Es gibt ganze Gedichte, die nichts weiter sind als *ein* durchgeführter Vergleich. Sie hat oft ein wundervolles Finderglück darin bewiesen. Anderseits steht man ziemlich ratlos vor Metaphern, die man im ersten Augenblick nicht begreift. Sehr charakteristisch ist z. B. *ein* Vergleich. Die Hunde jagen den Fuchs; da heißt es: „Die Meute mit geschwollnen Kehlen ihm nach wie rasselnd Winterlaub". Hier hat das Auge ganz versagt; die Kurzsichtige sieht die Hetzrüden nicht mehr, sie hört sie nur. So kommt es zu dem nicht glücklichen Bilde. Und wie im anschaulichen Detail, so tut die Droste wohl auch zuweilen in Metaphern des Guten zu viel. Dann gibt es leichtlich eine rasselnde Bilderjagd, die an manche Stellen bei Kleist erinnert, und das betreffende Poem macht den Eindruck einer zu eng gepflanzten Schonung, in der ein Baum dem andern Licht und Luft stiehlt. Da ist es auch unausbleiblich, daß sich die Droste, so sehr sie sonst dem aus dem Wege ging, öfters selbst wiederholt.

Und das ist bei der starken Originalität ihrer Vergleiche dann doppelt auffällig. Hier zeigt sich Annette auch oft als „Bildungsdichterin". Es ist schon auf die köstlichen Verse hingewiesen worden: „Wie Proteus seine Robbenscharen" usw. Sie erläutert also gleichsam das Bild aus der westfälischen Heide durch ein Bild aus Homer, aus der griechischen Mythologie. Ebenso zieht sie die römische Mythologie und Dichtung heran: wir wissen ja, daß sie zuzeiten fleißig die alten Lateiner las. Oder es erscheint in einem Poem plötzlich „der fromme Bruder Tuck" aus Scotts Ivanhoe, der auch in einem zweiten noch eine Rolle spielt. „Ganz wie 'ne alte Halle doch aus einem Scottischen Roman" ist das Zimmer, in das der blonde Waller tritt. Das ist ein unnaiver, fraulicher Zug an der Droste.

Überhaupt: sie kann die Frau nicht ganz verleugnen, ob sie es auch möchte. Man wird das weibliche Talent gerade an ihren künstlerischen und kompositionellen Mängeln und an der Überspannung des Kräftigen, an dem zu Krassen, Starren, zu Blutigen erkennen. Die Droste selbst spricht in vielen Gedichten von sich als einem Maskulinum. Und wichtiger ist doch noch, daß sie niemals eine Frauengestalt in den Mittelpunkt ihrer epischen Dichtungen stellte, ja daß man verhältnismäßig auch nur äußerst wenige weibliche Nebenfiguren bei ihr findet. Nur Männer haben sie ja eigentlich literarisch beeinflußt. Sie hat sich Sprickmann, Schlüter, Schücking doch mehr oder minder untergeordnet, nicht aber den Freundinnen. Und sie scheint von der geistigen Befähigung der Frauen überhaupt nicht viel gehalten zu haben. Von einer Rezension spricht sie ziemlich wegwerfend: sie wolle nicht viel besagen, denn sie sei von einem Frauenzimmer. Zeitlebens auch hat sie die Blaustrümpfe gehaßt. Jedenfalls ist so viel klar, daß die modernen Frauenrechtlerinnen in Annette nichts weniger als eine Bundesgenossin hätten begrüßen dürfen. Aber sie könnten sich in andrer Weise allerdings doch wieder auf Deutschlands „größte Dichterin" beziehn. Wieviel mehr hätte sie schaffen können, wieviel weniger leiden brauchen, wenn schon damals ein freierer Wind durchs Land geweht wäre! Sie hätte leichter die innere Harmonie gefunden und wäre, wenn auch als Dichterin vielleicht nicht größer, so doch liebenswürdiger und vor allem menschlich glücklicher geworden. Sie hätte wohl auch leichter ihr Volk erobert, das ihr doch immer noch, trotz aller literarischer Würdigungen, mit scheuer Zurückhaltung, mit hohem, aber kaltem Respekt gegenübersteht. Bei größerer innerer und äußerer Freiheit hätte sie vielleicht den höchsten Einklang von Form und Stoff gefunden und wäre über die Gedichte hinaus zu Liedern gelangt.

Denn das Höchste der Lyrik, das Lied, das Heinrich Heine „das Kriterium der Ursprünglichkeit" nennt, war der Droste nicht gegeben zu schaffen. Nur ein paar Nachahmungen des alten, vornehmlich historischen Volksliedes gelangen ihr vortrefflich: z. B. „Die Reiter, die seind lobenswert" in der „Schlacht im Loener Bruch". Aber in ihrer eignen Art, ob auch in noch so starker Abdämpfung, konnte sie nur sprechen, nicht singen. Und hier muß man doch an die Wette erinnern, die sie mit Schücking schloß. Der Drosteschen Begabung gegenüber hatte Schücking mit seiner These allerdings unrecht; programmäßig wurden Tag für Tag ein bis zwei Gedichte fertig. An sich aber war die Meinung, die er verfocht, daß Lyrik Gnade sei, die man in Geduld und Demut erwarten müsse wie ein gutes Weinjahr, unzweifelhaft richtig. Was wir speziell Lyrik nennen, ist die Drostesche Dichtung auch nicht. Niemals wird man Annette zu den großen deutschen Lyrikern zählen. Sie war gewiß eine große Dichterin, aber ohne spezifisch lyrischen Charakter. Deshalb war es ihr möglich, in ein paar Wochen einen Gedichtband zu schreiben, ohne von einem großen Gefühl ganz hingenommen zu sein. Daß sie die Wette mit Schücking gewann, spricht für ihr außerordentliches Können, aber es spricht auch, je nach dem Standpunkt, den man wählt, wider sie. Es zeigt, wie ausschlaggebend in ihrem Schaffen der *Wille* ist. „Es" singt niemals aus ihr; immer ist es Annette von Droste, die dichtet. *Ihre Poesien bezwingen uns, wie uns ein starker Kämpe bezwingt; niemals wie Wunder und Gnade.* Sie sind so fest in sich beschlossen, so individuell-einsam wie die Dichterin selbst es war. Ihre Entfaltungsmöglichkeit ist deshalb eng begrenzt. Sie werden doch wohl immer nur für einzelne etwas werden, und nur weniges wird in das Allgemeinleben der Nation aufgehn können.

Aber auch hier wird die alte Erfahrung bestätigt, daß gerade solchen Dichtern, deren zu starre Individualität der Nation als solcher nicht viel geben kann, die vom Volke nicht aufgenommen werden, sich das verdoppelte Interesse der Forschung zuwendet – gleichsam als Ersatz für den entgangenen schönsten Lohn. Das ist leicht erklärlich. Denn diese Poeten sind menschlich interessanter, reizen den Psychologen mehr, als die Götterlieblinge mit den reinen, ungetrübten Stirnen. Annette von Droste und – um einen in manchem Betracht nicht unähnlichen Dichter zu nennen – Friedrich Hebbel sind psychologisch interessanter als der große Goethe. Es kommt dazu, daß die einzelnen, die vermöge einer ähnlichen Gemütsanlage den Schöpfungen dieser Dichter eine ganz ungetrübte Liebe zuwenden können, die darin den höchsten Ausdruck ihres eignen inneren Lebens finden, sich leicht zu Fanatikern entwickeln, eben weil sie nur einzelne sind, und dann mit der starren Energie, die auch ihrem poetischen Liebling eigen ist, den Kampf führen. Ein Kampf, dessen höchstes Ziel nicht erreichbar ist, durch den immer wieder nur einzelne gewonnen werden können, nicht die Nation.

So hätte sich auch Annette von Droste über eine literarhistorische Vernachlässigung nicht zu beklagen. Über Eichendorff ist wenig oder gar nicht literarhistorisch gearbeitet worden. Dafür leben seine Lieder im Herzen der Nation. Er ist gleichsam selbst untergegangen, um in diesen Liedern aufzuerstehn. Man hat den Schöpfer über dem Geschöpf vergessen. Das wird bei der Droste nie möglich sein. Ihre Gedichte können sich von ihr selbst nicht frei machen. Nicht ein einziges hat das Volk aufgenommen; keins klingt mit dem Winde über die Hecken. Dafür ist über sie selbst viel, sehr viel geschrieben worden. So kommt es zu einem gewissen Ausgleich. Auch Dichter haben sie sehr gefeiert, von Freiligrath an, der sein Barett vor Freude über ihre Verse an die Decke warf, über Paul Heyse fort, der ihr sein feines Sonett widmete, bis zu Liliencron und den Jüngeren herab. Als „Deutschlands größte Dichterin" geht sie durch die Literaturgeschichte. Aus der Erzählung ihres Lebens ist klar geworden, daß diese „größte" Dichterin auch die äußerlich unfreieste war, und es konnte nicht ausbleiben, daß die äußere Unfreiheit auch allmählich auf das innere Leben Einfluß gewann. Davon zu träumen, wie es anders hätte sein können, ist müßig.

Darüber zu klagen, daß es so gewesen ist, ziemt sich nicht. Jeder lebt sein Leben allein und ist nur sich darüber verantwortlich.

Und Annette von Droste hätte die Verantwortung sogar sehr stolz übernommen.

Ebenfalls im SEVERUS Verlag erhältlich:

Marie Silling
Annette von Droste-Hülshoffs Lebensgang
SEVERUS 2011 / 240 S./ € 29,50
ISBN 978-3-86347-195-8

www.severus-verlag.de

*„Ich mag und will jetzt nicht berühmt werden,
aber nach hundert Jahren möchte ich gelesen werden."*

Mit großer Detailtreue zeichnet Marie Silling in diesem Buch ein lebensnahes Bild der Dichterin Annette von Droste-Hülshoff, die seit ihrer Geburt stets mit Krankheit und Schwäche zu kämpfen hatte. Dagegen fand die Dichterin in ihrem großen lyrischen Talent, welches sie schon im frühen Kindesalter entdeckte, ein Mittel zur Flucht aus ihrem leidvollen Alltag. Einen sehr persönlichen Einblick in das Privatleben der Dichterin gewährt außerdem Annette von Droste-Hülshoffs Briefwechsel mit u. a. Levin Schücking, die Silling neben den Gedichten in die Biographie einbettet.
Nach der ausführlichen Biographie folgt eine Zusammenstellung verschiedener Gedichte und Balladen der Dichterin; u. a. ihr Gedichtszyklus „Das geistliche Jahr" und das Gedicht „Der Knabe im Moor". Die Vielfalt der dargebotenen Lyrik lässt den Leser in die Welt von Annette von Droste-Hülshoff eintauchen.

www.ingramcontent.com/pod-product-compliance
Lightning Source LLC
Chambersburg PA
CBHW032104300426
44116CB00007B/884